AF573280

SV

VOLKER BRAUN

VERSUCH, MICH AUF EINER LANDMASSE ZU BEWEGEN

VERSUCH, MICH MIT DEN FÜSSEN AM BODEN ZU HALTEN

FORTWÄHRENDER VERSUCH, MIT GEWALTEN ZU LEBEN

SUHRKAMP

Erste Auflage 2024
Originalausgabe

Umschlaggestaltung: Hermann Michels und Regina Göllner
Satz: Dörlemann Satz, Lemförde
Druck: CPI books GmbH, Leck
Printed in Germany
ISBN 978-3-518-43161-0

www.suhrkamp.de

VERSUCH, MICH AUF EINER LANDMASSE ZU BEWEGEN

Der Mensch ist die Antwort, egal was die Frage ist. André Breton.

We have so much sea in front of us –
In der Taverne Mikri Venetia, Athen.

Jurte eines mongolischen Großen. Aus: Marco Polo, Am Hofe des Großkhans. Reisen in Hochasien und China, Leipzig 1924.

Der Mann aus der Hafenstadt Bahía Blanca, Sergio Raimondi, begrüßt seine berliner Festlandskollegen mit einer *Rede zur Poesie* 2019 in der *Weltklang*-Nacht, die sich mit allen Meeren gewaschen hat. Er spricht über Probleme beim Schreiben einer Ode an den Pazifischen Ozean. Wir hören ihm zu mit nichts im Rücken als einem kleinen Binnenmeer, Ostsee, Oostzee, Östersjön, das auch einmal Meer des Friedens hieß. Er leistet es sich, eine Menge profaner Begriffe an Land zu ziehn und vom Verdacht der Kunstferne zu befreien. Er fördert im Schleppnetz der *Poesía civil* das abstrakteste, sperrige Material zutage, das der modernen Gesellschaft zugrunde liegt, industrielle, handelslogistische, finanzpolitische Phänomene. Er hebt das Verdikt der Unwürdigkeit einfach auf, indem er in den Ozean greift, voll der Schifffahrtsrouten, Warenströme, Billigproduktionen, die die Unmasse von Emotionen und Müll an die Küsten spülen. Und tatsächlich steht der Dichter am Meer, an dem er geboren wurde, und spricht mit Kieseln im Mund.

Freilich, der Pazifische Ozean steht für den Kapitalismus, der hat die erhabne Metapher errafft, er kann sie bezahlen. Auf dem Wasser schwimmen Container mit Frackinggas. Alles spricht für ihn, und ich frage nicht, was für den Kommunismus spricht, die andere große Bewegung, die jetzt unter Wasser ist. Der Wolkenhimmel?! bewegt wie er ist, fantastisch, unwirklich, wie nichts.

Wie muss die Kunst beschaffen sein, fragte Adorno, um dem Kapitalismus gewachsen zu sein? – die *Poesie*, liest der Dichter Raimondi, »einer dynamischen Gegenwart … einer globalen Dimension«. Welche Form soll sie annehmen in dieser allgegenwärtigen Formation der technischen, merkantilen, militärischen Zusammenbindung der Welt, bei der Territorien verbraucht und Halbkontinente umgepflügt werden. Er hat nicht nur das Vokabular für sein atmendes und gepeitschtes Meer, er auskultiert seine Lungen, die subtilen Organe des Hafens von Ingeniero White. Er macht längst Recherchen in den verdächtigen Farben, der aufgemischten Substanz. Er belädt den Ozean mit der historischen Fracht und den Lasten des Neokolonialismus. Das ganze Netzwerk an Daten, Fakten von Öl und Blut befleckt, die unentwegt bewegte Struktur trägt er in seine Seekarten ein, unersättlich wie sein Element. Er nimmt, ohne Zögern, eine Mannschaft an Bord, die er gebrauchen kann, die es hinter sich hat, Whitman, Pound, auch Gramsci und Ernest Mandel stehn im Logbuch. Er präpariert sich wie jener Colón, der mit seinen Karavellen nach Indien sucht. Denn sein Stoff ist voll ozeanischer Wucht und Geduld.

Und das von der Dichtung entdeckte Meer leckt über das Land. Aber ich muss schon den eurasischen Kontinent aufbieten, das massenmäßige Gegenstück, um an eine terrestrische Ode zu denken. Die Landmasse also, gelagert zwischen Atlantik und Pazifik, 10 000 Kilometer vom Cabo da Roca bis zur Bucht von Anadyr. Permafrost, Steppe, Beton. Wie das Meer ist das Land von Arbeit kontaminiert, von Kriegen getränkt und von Wegen durchzogen. Blicken wir auf sie, sehn wir den Fortschritt rollen, das Chaos auf Rädern, den Stau. Das Rad eine Erfindung aus China, die Jurte eines mongolischen Großkhans, die Marco Polo sah von einem Konvoi Kühen gezogen, zeigt seine zivilisatorische Funktion. »Wenn die alte europäische Kultur eine Seekultur war und keine Stadt weiter als eine Tagesentfernung vom Meer lag, so war die Kultur der Reisländer, einbegriffen China, sozusagen eine Flusskultur.« Max Weber, *Wirtschaftsgeschichte.* Hier bestimmte nicht die »Energie, die nach außen drängt«, sondern der Bauer im Binnenland den Lebensrhythmus, selber bestimmt von der Natur, ja ihr Bestandteil im Kreislauf der Jahreszeiten. »Keiner, auch nicht der Feudalherr, der vom Produktionsprozess befreite Beamte oder Literat ... konnte die schweren, dröhnenden Rhythmen der Millionen säender, pflügender Bauern überhören.« Ernst Schwarz, *Die Weisheit des alten China.* Aber die sagenhafte, die Seidenstraße, Reiseroute der Reiterarmeen und Karawanen – wir blicken auf Containerzüge, China Railway Express, DB Cargo Eurasia –, führt wieder durch die Chinesischen Mauern in die Tore Arabiens und Kontore Europas, über Zeitzonen und versunkene Reiche hinweg. Vom versunknen Kommunismus ist dort ein (riesiger) Rest.

Es ließe sich fragen, Adorno stellte die Frage nicht, wie eine Dichtung beschaffen wäre, die etwas anderm, Gerechterem, die einer Alternative gewachsen ist. Das scheint eine irreale Frage, nachdem das Gespenst verschwunden ist, das in Europa umging. Es war nie anders präsent als in demselben Kadaver und Leib, der es geworfen hat und seine Extremitäten nährt. Eine Dichtung? nun gut, ein Gleichnis von der Gleichheit, es ist wieder zum Mythos geworden; aber (sagte Karl Kraus:) *der Widerspruch ist in der Welt.*

Solange der mitgeborene Zwiesel unscheinbar war, beinahe unsichtbar, illegal, blieb er der aus der Art geschlagene Spross. Wo immer er als Staat auftrat, als Herrschaft gekleidet, gepanzert mit Macht, verlor er die Anmut und Kraft. Er fiel buchstäblich vom Fleisch und gab seinen Geist auf, die *historische Mission.* Der hochgerüstete Ostblock – ein sogenanntes Weltlager – ahmte, turnte die Gangart des westlichen Lagers nach und unterlag seinen ökonomischen Finten. Er verschwand, paradoxerweise, in seinem besten Moment, als er dem längst vergessenen Ziel am nächsten war und die egalitäre Struktur ihre Kapazität an Demokratie entlud. Nach der Rechnung K.R. Eisslers, des Psychoanalytikers in New York, werde man sich in weniger als hundert Jahren für diese halb-utopische, halb-archaische Landschaft interessieren und nach der vergrabnen Erfahrung fahnden. »Alles Eroberte lebt als Gespenst und Beute weiter, von der Magie bis zum Kommunismus. Daher ist der Kapitalismus auch als ein gewaltiges Spukhaus zu beschreiben.« Metz und Seeßlen, *Neoliberalismus als Ästhetik.* Was aber uns als gewaltiger Spuk erscheint, ist das große China, das in seinem eisernen Kasten erwacht.

Großer Pazifik! das meint auch die Pfütze Europas, in die ein Junge sein Schiffchen hält aus weißem Papier. Jenes *Bateau ivre* auf dem volkseigenen Rinnsal, das nachgedichtet zum *Schiff im Land* wurde. *Aber ich schwimme stromauf: die Flüsse ermatten. / Dünne Nebel netzen den Kiel, die Ufer schlagen mich leck.* Und nach uns die Sintflut der Volksenteignung. Es gehen nur noch chinesische Gedichte, sagte Heiner Müller, als die Losung KEINE GEWALT nach dem Umbruch ihre Geltung verlor. Die Verse Po Chü-yis dienten schon Brecht als Duktus der *Buckower Elegien.* Er hat im Nachkriegsberlin seine Schüler ins Land geschickt, um nach Spuren des Neuen zu suchen (dessen erste Erscheinung der Schrecken war). Das konnte nicht zur Ode gedeihen; *Die Erziehung der Hirse* nur ein Bittgesang. Der Kontinent K lag nicht vor Augen, blutverschmiert wie Eurasien war. Pablo Neruda, der Überflieger seines Erdteils, schrieb den universalen *Großen Gesang* da war es noch nicht die entgrenzte Welt. Auch das ist Kontinentalpoesie, und dennoch das *Beben des Meeres* nach der Ermordung Allendes 1970, »Es scheint ein endlos langes Brot zu kneten. Weiß wie Mehl ist der verschüttete Schaum« … Raimondis Landsmann Martin Gamborotta, sein Jahrgang, schreibt Kürzestgedichte (am besten: ein Wort), konzis wie Salz. *Er denkt / was ein Läufer in Startposition denkt: / Der Schnellste ist der Modernste.*

Es ist kein Wunder, dass Chinas Großer Sprung auf dem doppelten Boden landet, in dem der Kommunismus im Kapitalismus versinkt. Wir gewahren ein so zäh und brisantes Gemenge von Markt und Planung, sozialer Sicherung und wirtschaftlicher Entfesslung, dass es als einzig interessanter Gesellschaftsversuch erscheint. Der weltordnende Westen hat keine Ordnung mehr, er nährt sich vom Kollaps. Der Ferne Osten mixt alles in die gigantischen Freifallmischer, *Wanderwesen und Fabelarbeiter*, und hat seine Implosion vor sich. Er verleibt sich den Kapitalismus ein, zehrt ihn in seinen Stammländern aus und flatet ihn mit Waren zu. Es ist ein Weltexperiment, in dem Feuer und Wasser miteinander reagieren. Die chinesische Tradition, in Widersprüchen zu denken, Widersprüche arbeiten zu lassen, setzt den Prozess in Gang, der die alten Struk-

turen noch hofiert und sich den neusten Technologien andient.
Wirkt hier der hegelsche Weltgeist als Lachs, den ein junger leipziger Philosoph jetzt am Schwanz packt? der »dialektische Lachs«, der nach dem Ende der Geschichte, das Hegel in Preußen verortet, weiterschwimmt oder -denkt zum Ursprung, in den Laichgrund zurück? Das anadrome, wandernde Wesen des Denkens beruhigt sich nicht in selbstzufriedenen Breiten. Es zieht, wenns sein muss, um die Welt herum, und wir können, wie Leibniz, auf die *Novissima Sinica* sehen. Der Mann aus der Messestadt, Moritz Rudolph, also schlenzt den Lachs an Hegels Diktum vorbei ins Spielfeld. Das ist ein philosophischer Spaß im vollen Ernst, der den kopfstehnden Weltgeist auf die eingeschlafenen Füße stellt. Wir dürfen den gegessenen Fisch doch wieder als Maulwurf servieren, den dialektischen Lachs der Globalisierung als mechanischen Materialisten, der im rohen Erdreich der Mitte klächt und mit Riesenbaggern in den Salaren nach Lithium gräbt. Und wie gegängelt der Geist darin wühlt: Marx würde bei dem *progress of forces* wieder sagen: Brav, alter Maulwurf.

Bejing frühstückt im Hotel International z.B. in einer Hand die Stäbchen, in der andern das Handy. Die Stadt ist nicht wiederzuerkennen mit den Jahresringen der Magistralen. Sie steht nachts auf in den Hutongs und sitzt am Morgen im Hochhaus. Galaxy SOHO. CapitaLand. Kühlschränke der Banken, Riesenjurten der Wirtschaft. Bis auf den einen Mao am Chang'an jie ideologiefreier Raum und marktkonform, und nur die vier Enten im Hotelgarten erinnern an den Kollektivismus. Die Warenhuren im Silk Market fassen dich an und laufen dir nach im Lebenskampf.

Die *Spuren des Neuen:* bei Bloch – er gab in Leipzig sein *Prinzip Hoffnung* heraus – sind es die Signa prognostica, vorausweisende Zeichen; er erzählt nur zu gern *Märchen des Vorscheins.* Sein Favorit ist das Kommende, aber das Vergangne mischt doch mit. Da sind wir in der Volksrepublik. Mitten im Handelsgemenge. Die »verlängerte Werkbank« des Westens wird zur Weltwerkhalle. Der Landgang der Künstlichen Intelligenz am Strand von Shenzen, die Superexpansion der Neuen Seidenstraße, »ein Band um Eurasien«, die Verselbständigung der Technik = die Wiedereinsetzung des Schicksals, rechnet Rudolph. Die *docta spes* muss sich auch eines Schlimmern belehren lassen. Sie nah bei den Schrecken zu siedeln, wäre die härtere Philosophie. Die modernen Romane, Mo Yan und Konsorten Mo Yan heißt: »sprich nicht«; *Die Sandelholzstrafe*, sind ein prosaischer Bilderatlas der Langzeitkonflikte; das binnenländische Langgedicht schrieb Chuang-tzu vor 2500 Jahren.

2009, aus den statistischen Ämtern sickern unfassbare Zahlen. Aber auch *Bilder* machen die Medien von der

Bankenkrise. Es wird, um sich ihr Wesen vorzustellen, der Moment der Stille erinnert, als sich das Meer beim Seebeben vor Sumatra zurückzog und die Touristen an die Strände liefen, bis die ungeheure Flut sie wegtrug. Oder man spricht von einer Nebelwand, »von einem Moment auf den andern fällt die Orientierung schwer, es ist unklar, wo die Gefahren liegen, jeder stoppt die Maschinen, alles kommt zum Erliegen. Selbst wer sich langsam vortastet, erkennt neue Hindernisse oft erst, wenn sie direkt vor seinen Augen auftauchen« (der Wirtschaftsberater der deutschen Kanzlerin). Daraus folgen Maßnahmen, die auch im Nebel stochern. Der Staat stützt die »systemischen Banken« und häuft nebulöse Schulden. – In China hat man die Gefahr im Blick. Geschätzte 20 Millionen entlassene Wanderarbeiter, sie sind keine Bauern mehr und haben kein Stadtrecht, das Prekariat der Weltwirtschaft, das ins Nichts fällt. Ein Aufstandspotential. Das *Dokument Nr. 1* des Jahrs des Büffels trägt dem Rechnung und reformiert das Meldewesen, um den Geisterbrigaden einen realen Platz zu verschaffen. Eine Krise / zwei Wege: der Westen steht baff vor den Tatsachen, die Mitte ergreift den Moment, sozusagen die Jahreszeit. – Und die Kunst? in ihrem je eigenen Weltsegment, wird ihre dunklen und hellen Bilder finden, die sie mit traumatischer Klarheit sieht. Globales Pathos können Kreditmärkte entwickeln; das Gedicht braucht reale Koordinaten, Puerta del Sol (z. B.), *am Kilometer Null der*

Empörung, wovon aus alle Straßen Madrids über den Kontinent gehen.

Der Mann aus Puschkin (Zarskoje Selo), Sergej Sawaljow, beschreibt die Poesie als fragilste Form geistiger Tätigkeit, nicht nur weil Tafeln und Sprachen zerbrechen: auch »weil die historische Erinnerung unsere Optik gewaltig deformiert« und verlange, Sachen neu zu verstehen, die offensichtlich scheinen, sich aber in blinde Trivialität verwandelt haben, und in eine Sprache zu übersetzen, die unsere Erfahrung enthält. Vergils in den Gymnasien abgenutzter Vers *arma virumque cano*, Waffen und Helden besing ich, laute, wenn er mit Primo Levi und Schalamow in Dialog tritt: »Ich zeuge von der Katastrophe / und von dem Menschen, der zugrunde ging / verkrüppelt«. »Man braucht nur das Trauma, das der Dichter verhüllt, zu enträtseln, und schon beginnen Zeilen, die erfüllt schienen von kaltem Hochmut, schluchzend zu zittern.« Sawaljow spricht aus seinem Ort heraus, dem russischen Versailles und Weimar in einem. Aus dem Ort, das heißt aus der Geschichte, der zaristischen Eroberung, der Blockade der deutschen Wehrmacht, dem Hunger, dem Sterben, Entvölkerung, stalinistische Vertreibung. Dem Wiedererstehen als »beleidigend verlogene Dekoration«. Der junge Dichter stand vor der Wahl, dem Silberton zu folgen oder einer Poetik, die das Entsetzen, das Unglück fasst. »Über dieser Wahl, die im Be-

wusstwerden besteht, dass man keine Wahl hat, und darin, die tragische Wirklichkeit anzunehmen, ging mein Leben hin. Der Genius loci von Zarskoje Selo, der sein erbarmungsloses wahres, vom Schleier des ›Schönen‹ maskiertes Gesicht enthüllte, offenbarte mir allmählich, Jahrzehnt um Jahrzehnt, andere, wenngleich in ihren zyklopischen Ausmaßen verwandte Tragödien, die mir durch meine Geburt als Erbe zufielen.«
Bi Feiyu, der Mann von Nirgendwo, hat über Heimat zu sprechen beim Deutsch-Chinesischen Schriftstellerforum 2013 in Bejing. Er kommt ohne Manuskript. Er hat keine Heimat, kein Heimweh, kein Heimatgefühl. Er wurde 1964 in der Provinz Jiangsu geboren; als er zwei war begann die Kulturrevolution. Der Vater floh mit ihm auf dem Boot. Er wuchs im Wandern auf. Die guten Menschen ABC / die schlechten XYZ. Er trug die Narben davon. Wie soll er zum Thema kommen, er gräbt im Boden nach den Wurzeln, im Bauerngebiet. Er muss eine große Heimat finden.

Auch die Frau von … Vernunft, unterwegs in der Philosophie der Geschichte, fertigte Listen »nach der Welt«, nackt und schlagend wie Wellen und reduziert wie Land-Striche. Sie könnte gut zur Mannschaft Raimondis gehören. Aber sie ist drauf aus, »extremere Sachen mit der Sprache zu machen, wilder zu schreiben«: spürbare Bilder, denkende Metaphern (um »das

zu sagen, was niemandem auch nur einfallen würde«). Über den Schlamm und Slam steigt sie in die terrestrischen Denkräume; *wie muss die Kunst beschaffen sein*, um ihrem Empfinden gewachsen zu sein? »Üben: die richtigen Worte zu finden, spontan zu handeln, leidenschaftlich. Es sich gut gehen lassen, aber an nichts festhalten. Und segeln, mehr wie ein Abenteurer als wie ein Priester, auch im Denken nicht sesshaft werdend, zwischen den Wogen von Euphorien und Depression, Seekarten im Kopf.« Etwas Schönes brauche Raum, um sich zu entfalten. Es sei eine allzu selbstverständliche Annahme, »es gehe im Gedicht darum, einen Augenblick festzuhalten. Lyrik wäre demnach im Gegensatz zur prozessualen Prosa statisch. Was für ein himmelsabschneidender Irrtum!«
Hegels Geist, wie wir sahen, lief nicht ganz um die Welt; er kannte kaum die Afrikaner, und nicht die Japaner. Diese Dichterin kennt die »kleinen Krieger, die der Welt bewiesen haben, dass es völliger Bullshit ist, dass die Imperialisten die Krone der Schöpfung seien.« Sie kann mehr mit der Vorstellung anfangen, dass wir mit der eigenen Zivilisierung den Asiaten immer ähnlicher werden … Am Ende werde herauskommen, dass Hegel als Taifun wiedergeboren wurde. »Wiederholung der Zeit, des Aufstehens als wer?«: Ann Cotten Iowa Wien Berlin.

Natürlich, das launische Meer mit seinen Strömen und Winden ist ein gewaltigeres Bild für die Wahrnehmungskraft als die ruhig fließenden Flüsse. Aber auch das Festland in seiner Tiefe und Weite hat seinen, historischen, Eigensinn und metaphorischen Fanggrund. Der Heizer Hilbig wusste in der Leipziger Tieflandbucht, warum er vom *Meer in Sachsen* spricht. Und auch die terrestrische Dichtung ist von Wassern durchstürzt, mit denen die Bergleute kämpfen, und vom Urozean überschwemmt. Wir müssen nur in den Berg steigen, wo er nach unten wächst, in das untertägige Bergwerk. Hier vor Ort zu sein hat vergleichsweise etwas Beschränktes, hartnäckig Verbohrtes. Aber das Graben im Gestein, durch die Sedimente hinab, das Teufen der Schächte bis zum Flöz, an den Streb, und das *Fahren* in den verschlungenen Gängen entlang den Lagerstätten, der Wetterführung und Entwässerung ist eine andere Seefahrt und -not. Auch hier das Tun und Lassen im Eingeding mit dem Tod. Und sind die Seeräuber *von Sonne krank und ganz von Regen zerfressen*, so die Bergleute von Staub und radioaktiver Strahlung. Auch hier, schrieb Franz Fühmann, »hier unten werden Küsten gewonnen, nicht westwärts« (wie jene Krawellen fuhren), »sondern hinab in die Zeit«.

Hier bin ich im Abrissgebiet, »ehem. Werksgelände, unterbewusste Felder, Resttexte, ggf. Bombentrichter … die Verheißung, praktisch vom Mund abgespart«. Vor mir liegt eine Landschaft aus verstruppter Natur mit einem einsamen Trafohäuschen (ein Blatt von Claudia Berg), *Etwas summt noch klirrt hallt nach in dem Kasten / Mit der Aufschrift K Ein Geräusch aus Kavernen / Knochenschutt, ein Atemziehn, und pumpt / Sekrete wässrige Fäden Fermente Sporen / Von Widerstand, aufgewehter Mut / Verzweiflung, das Springkraut aus der untersten / Erde und die Restkraft der Kontinente –*

Natürlich wird K verkehrt wiederkehren. In seinen frühen rohen Versuchen eine blutige Möglichkeit, wird er allmählich bloße Notwendigkeit. Die wissenschaftlichere Politik, die der Klimawandel, die Flüchtlingszüge, der Virenfeldzug erzwingen, ruft K auf den Plan, der (Rudolph:) »schon immer wissenschaftlicher sein wollte als alle anderen Ordnungsversuche«. Die Politische Ökologie, der Ausgleich der Lebensansprüche zwischen Mensch und Nicht-Mensch, sei seine neue Verbündete. »Beide gehorchen derselben Logik. Sie … erwecken zum politischen Leben, was für tot galt: die Natur und die ausgestoßenen Menschen.« Der Kommunismus (aber er hat keinen Namen mehr) nehme die Natur ins reine Dieseits herein. Von den Versprechen, »der Poesie seiner Jugend«, bleibe die nüchterne Einsicht, dass es nur gemeinschaftlich geht und das Kapital dabei im Weg steht. Er werde »nicht mit glühenden Wangen erdacht und nicht auf der Barrikade erkämpft, schon gar nicht entspringt er einem Bündnis von Marx und Breton ... Er ist das Produkt einer müde gewordenen Gesellschaft, die ihn schulterzuckend hinnimmt, weil er vernünftig ist, und sich sagt: In Ordnung.« Da klingen wortwörtlich Brechts vorsintflutlich klare Worte nach.

Die soziale Revolution des 19. Jahrhunderts konnte ihre Poesie nur aus der Zukunft schöpfen Marx, *Der achtzehnte Brumaire des Louis Bonaparte.* Es war die Zukunft der antikolonialen Befreiung. Wir haben den Kolonialismus verdrängt, die Zivilisationsbarbarei, die über das Meer ging, und nehmen *in Kauf*, dass nun wir am Strick einer Macht gehn, die eben Arabien ins Chaos bombte, um sich gegen China in Stellung zu bringen. Das war mal Europas Übung. Als ein deutscher Bundespräsident 2009 den chinesischen Amtskollegen empfängt, hat er wohl wie 1901 der Kaiser eine *Sühnemission* erwartet. Wir, erwidert sein Gast Xi, haben keine koloniale Vergangenheit. Er hat recht, aber möge er recht behalten. Auch der Weltungeist kommt vielleicht übers Land zurück. *Verkehrt* auch er, dialektisch gewitzt, als die Macht der KI, die die Menschheit kolonisiert. Sie hegt sie ein, macht sie zum Zaungast der kybernetischen Landnahme. Kaum sind die Produzenten dabei, Verfügungsgewalt zu erlangen – die versäumte Arbeit des realen Sozialismus –, werden die Dinge von der Technik geregelt. Das ließe sich, in aliis verbis, mit Hegels blasshäutiger Hierarchie der Zivilisationen begründen. Die ~~Neger~~ Produzenten werden von den ~~Europäern~~ Konzernen in die Sklaverei der Hightech-Industrie geführt, aus ~~ihrem Los im eigenen Lande~~ ihrer Lohnarbeit, »wo ebenso absolute Sklaverei vorhanden ist; denn es ist die Grundlage der Sklaverei überhaupt, dass der Mensch das Bewusstsein seiner Freiheit noch nicht hat und somit zu einer Sache, zu einem Wertlosen herabsinkt.« *Vorlesungen über die Philosophie der Geschichte. Einleitung.* Der prähistorische Produzent kann sich nur ändern, wenn er sich der Disziplin der Digitalisierung unterwirft. Das muss ein junger Philosoph von der Stirn auf die Sohlen stellen. Vorläufig wird der Mensch entlassen, engagiert/gelangweilt vom Überfluss, der er selbst ist. Nicht einmal die Lust mehr, sich seinen Reim zu machen. Ist das jetzt der Kurze Lehrgang Marx und Moritz für Landmassen? Wird K die *wirkliche Bewegung*, oder der wirkliche Stillstand.

Liebe Freunde, sagt Direktor Chen Zhongyi vor dem Chinesisch-Deutschen Schriftstellerforum in Bejing 2013 »wir sind uns doch klar, dass wir in einem Zeitalter leben, in dem nichts zählt als das Kapital, einem Zeitalter zugleich von einer Vielstimmigkeit, die es unmöglich macht zu sagen, was richtig ist und was falsch, und – nicht zuletzt – in dem man mit einem Gerät in der Hand alles kontrollieren und steuern kann.« Das ändere die Bedingungen des Menschseins. Es sei eine Zeit zugleich des Widerstands gegen die Kontrolle, gemäß dem Gegensatz von Yin und Yang, dem Naturgesetz auch der Gesellschaft, wobei die schematische Linie des Notwendigen und Zufälligen der okkasionalen Effekte der Doppelhelix des Gens gleiche. Und so fuhr er fort, von den Chancen für ein von Gerechtigkeit und Vernunft geleitetes Reich zu sprechen, in dem eine »große Harmonie« das multinationale Gerangel ersetzt; andernfalls würden wir durch grenzenlose Konkurrenz und endlosen Konsum zu Robotern werden. An dieser Stelle komme ihm der Gedanke, »dass das Leben vielleicht nicht schlechthin das Leben ist, sondern als eine Zeremonie zu betrachten ist«. Das klinge jetzt wie eine Eingebung, doch spreche daraus Ratlosigkeit, ja Fatalismus, das Gefühl, den Dingen lieber gelassen entgegenzusehen statt sie zu erleiden. In den Philosophien, Religionen und Gesetzen seien möglicherweise nicht die Bedeutungen wichtig, die sie begründen, sondern die Gelassenheit und Objektivität ihrer Zeremonien. Folglich seien in jeder Art Politik, Diplomatie, Protokoll Elemente künstlerischer Darstellung enthalten, wie ernst und heilig ihre Formeln und Formen auch seien. Dies sei vielleicht die echte und schönste Aktionskunst: Religion eines jeden, die ohne Tempel und kanonische Bücher auskommt, die keinen Kummer kennt und die unnötigen Dinge und Gedanken weglegt, die über Liebe und Arbeit hinausgehn. »So ist es um meine Gemütsverfassung bestellt.«

Salute, Herr Chen. – Es wären die Zeremonien des Künstlichen Kaisers der KI, der das Mandat der ruhiggestellten Bevölkerung hat.

Die Poesie ist das Antidot der Zeremonien, der Formenzwänge. Ihre Substanz die Erfahrung, die Fülle, Intensität. Die Widersprüche, Zusammenhänge. Das »echt absolut Reele«, definierte der bergkundige Novalis, danach schürfen wir seitdem übertage. Es geht für die Dichtung wie für das »politische Gebilde« (nach dem Rudolph fragt) darum, »wie das Material (die Gesellschaft) in eine Form (ihre Organisation) gebracht wird und welche Form dieser Form (der Ort) die richtige ist.« Auf meinem Tisch und Pult die Bleikugel vom Schlachtfeld bei Kesselsdorf, der gläserne Flachmann mit der Inschrift *Ihr habt die Macht in Händen, wenn ihr nur einig seid,* das Kalksteinstück aus dem Hohlweg, durch den Goethe nach Kochberg ritt. Dinge, wie sie der schottische Dichter Kenneth White aufliest, Wegzehrung des »intellektuellen Nomaden«. Was wir sammeln (*pflücken* sagt er), sei nicht nur die Frucht, sondern die Dicke der Zeit; die er vom *Plateau de l'Albatros,* seiner Kartographie der Geopoetik vermisst. Ein Mann von beiden Enden Eurasiens, ein Ost-West-Mensch wie François Jullien: »Es geht darum zu sehen, bis zu welchem Punkt ein Ortswechsel des Denkens führen kann.« *Dépayser la pensée: un détour par la chine*. »Man muss die Abstände wieder herstellen, an einem Dissidententum des Denkens arbeiten.« Mao: auf beiden Beinen laufen. »Der erste Satz, den man im Chinesischen lernt, lautet: *Shi shenme donxi?* Das heißt: ›Was ist dieses Ding?‹ Wörtlich heißt es aber: ›Was ist dieses Ost-West?‹ Das bedeutet, dass das, was wir einheitlich und isolierend ein ›Ding‹ nennen, in China als Beziehung gedacht wird«. (Das ist von vornherein ein anderes Ding als Ost versus West, Richtungen, Regelungen, die zu entrümpeln sind.) Im *Dinggedicht*, das unstreitig die Wahrnehmung steigert Georg Maurer, *Welt in der Lyrik*, oder Ponges Gedichtding birgt sich der Dichter, im Schalengehäus überdauernd (um sich, Sartre: »von der schmerzlichen Pflicht, Subjekt zu sein, zu erholen«). Maurer fragte aus seinem isolierten Land heraus nach der *Welt*. Sein Fazit ad China, 1956: Europa in Würde abtreten. Die Dicke der Zeit ... ist die Geschichte. Das Material des Gedichts sind nicht (nur) die Kiesel am Strand, auch die Wellen, die drüber stürzen, das Treibgut hinter den Horizonten. Kommende, versinkende Dinge. Beziehungen sind die prozessuale Kraft; *Prozess* in jedem gefährlichen Sinn, mit Kafkas Wort die Beschreibung des Kampfs. Hier gewinnen die Verse Gewicht, in der schwierigen Arbeit, ein Miteinander zu denken. »Schwieriges Handwerk: das Hoffen!« Um dem ganzen Verschwinden und Verbinden, »einer dynamischen Gegenwart ... einer globalen Dimension«, wie gesagt, *gewachsen zu sein*, braucht es ein Ding wie – »was ist dieses Ost-West« – die Weltgesellschaft. Sie ist der schwankende Felsengrund, den das Gedicht ertastet, mit der ganzen Sohle, wie der Mensch geht.

Hier halte ich an. Der Versuch meiner Bewegung, jener mobilen Großjurte folgend, dem scheiternden Schiff im Sand, den autonomen Roboterbrigaden, läuft ins Uferlose, das weiße Papier. Ich blicke auf die chinesische Kinderklapper, die Schöpfkelle aus Hiroshima, das Bündelchen Jüdischen Flieder aus Korinth, den Strohhut made in Tschernobyl, und lange auf den Feldstein vom Pont d'Avignon (den ich unbedingt noch zurückbringen muss).

Nachtrag

Jetzt scheint ein Atlantik Eurasien zu trennen, vorgerückt bis an die russischen Grenzen: worauf der großrussische Haltsmaul erwacht und in der Ukraine Geschichte diktiert. Das fährt wie ein Brandsatz in meinen Text, und ich kann nicht wie Goethe sagen: »Dass Moskau verbrannt ist, tut mir gar nichts«, die Nachwelt will was zu erzählen haben. Seit Vergil ist der Krieg Schullektüre. Geschichtsschreiber berichten, dass die römischen Legionen in der Schlacht von Carrhae (53 v. u. Z.) von den Fahnen der Partherheere geblendet wurden, hellem leuchtendem Stoff. Das ist die Taufurkunde der Seidenstraße, da war das Blut geflossen und geleckt, und in Rom werden die Ballen gegen Metalle und Glas getauscht. Zwölfhundert Jahre später umfasste die Pax Mongolica das erste eurasische Weltsystem. Eine Jungfrau konnte, heißt es, unbehelligt einen Topf voll Gold von einem Ende zum andern tragen. So sicher bewegten sich die Güter, wie die Pest, und fließen heute Dollar und Yen. Als das Tatarenheer vergeblich Kaffa belagerte (1346), schleuderte es mit Wurfmaschinen seine Pesttoten über die Mauern, und der Schwarze Tod kam mit den genueser Schiffen nach Westen, während der winterharte Rispenhafer auf dem Landweg Station für Station nach Osten zog. Indes der Bildschirm heute (2022) die Panzerkolonne auf dem Vormarsch nach Kiew zeigt, mythische sechzig Kilometer lang, die mitsamt ihren hergewehten, vielleicht sibirischen Rekruten zwei Wochen bewegungslos auf der Stelle steht, desorientiert wie nie je ein Heer über den Zweck der Übung. Marx hat die »alte moskowitische Methode der Usurpation« beschrieben, die aus »der schrecklichen und nichtswürdigen Schule mongolischer Sklaverei« Iwan I. Kalitas sei. Hegels Weltgeist, wie je am seidenen Faden hängend, sieht deprimiert, wie der transatlantische Hochmut des Konquistadors mit dem »stolzen Ehrgeiz des mongolischen Gebieters« rivalisiert. Dem einen hat die spanische Krone, dem andern Dschingis Khan die Erde vermacht. Das Denken scheint stillzustehn. Der Weltcomputer hat sich *aufgehängt* und verlangt ein Reset.

VERSUCH, MICH MIT DEN FÜSSEN AM BODEN ZU HALTEN

Man muss mit Reinigen der Atmosphäre beginnen. Michail Bakunin (in etwa) aus der Festung Königstein.

Volker Stelzmann, *Sinkende*, 2004, Tusche, Feder, laviert, weiße Kreide, schwarze, graue und weiße Farbe, grünes Papier, © VG Bild-Kunst, Bonn 2023.

1 Das Aschemahl

Der Mann aus Los Quemados war erstaunt, was für Dinge auf dem Festland vorsichgehen. Eine General Assembly war einberufen, um eine Charta für das 21. Jahrhundert zu verkünden. Ein neuer Anlauf zur Weltrevolution sollte genommen werden, der nachgestellte Sturm auf das Winterpalais! Von all dem bekam er auf seiner Insel nicht Wind. Er saß in seinem verbrannten Dorf auf der Lava vgl. Haug, *Zur Krise des Politischen*. Ich gebe ihm Bericht.

Eine nasse Dämmerung, die nicht heller zu werden versprach und noch am Mittag einen kalten Brodem braute. Vorm Mund der Atem wie ein eigener trüber Nebel, der gleichsam mein Beitrag war. Ich blickte in die gläserne Akademie, die von gelblichem Dunst gefüllt schien, die Banken und Botschaften ohnehin. Das Brandenburger Tor stand wie ein Tempelrest der alten preußischen Klarheit da. Womöglich stieg der Qualm aus den Granitplatten hoch, wo der Weltriss lag, oder wehte aus dem eurabischen Raum durch die Säulen.

Obwohl ich den direkten Weg nehmen wollte, zwang mich die Ironie auf den Umweg, der durch den Großen Tiergarten führte. Hier herrschte eine besondere

Gangart, mehr die Wege belagernd als belaufend. In ganzen Gruppen verharrte man unter den Bäumen und sah sichernd umher. Die Population in dem Gehege hatte stark zugenommen, auf Schritt und Tritt traf man Bekannte: Obdachlose, denen Aufmerksamkeit zu schenken war. Ich hielt also die Börse am Leib. Diese Angestammten hatten in ihren Volieren Zuzug bekommen, Flüchtlinge, wie sich erwies, wenn sie sich beim Nähern in Büsche verzogen. In die Wiesen waren neue Pfade getreten, die zu Rastplätzen liefen, von Spritzen, Kondomen, leeren Dosen markiert ... »Hier finde ich im Papierkorb mehr, als was ich zuhause zum Leben habe«, verriet ein Rumäne. Seine Schlafstatt eine mobile Matratze, ein Rucksack baumelte in den Zweigen. Ich wollte ihm ein Wegegeld geben, aber mein Kapital – ich fuhr an den Leib – lag nicht mehr an. In dem leichten Schwindel, der mich befiel, stützte ich mich auf einen Einkaufswagen, so dass ich weiterrollte. Ich war, soviel begriff ich, kein Unbeteiligter mehr. Ich gewann an Normalität! Ein Bahndamm gab einen Anhalt, wo eingeschlafene Füße aus kleinen Zelten ragten. (*In den Zelten*, sic!) Die Siegessäule war im Nebel niedergelegt, wie jene Vendome-Säule in Paris. Als ich nach unsteten Stunden eine Ruhebank suchte – ich hatte mich längst verirrt, Rousseauinsel? Fauler See? –, war sie belegt von zwei Platzhaltern, die über die Lehne pissten. Mein Anruf blieb unerwidert (*Kameraden!*), doch ich spürte dasselbe Bedürfnis, dem

ich in der Gesellschaft nachkam. Mein müder Blick lag auf einem Kinderspielplatz, wo in den Ketten ein Mann hing, den eine Prostituierte betreute. Wie leicht ist es, in eine andere Lage zu kommen. Die übrigen Mütter hatten die Anlage aufgegeben. *Gefühlte Unsicherheit*, nach polizeilichen Angaben, sechzig Fälle von Körperverletzung, neun Raubüberfälle. Der Raubmord am Schleusenweg. Ich zähle nicht ein Handgemenge, als man mich (nun auch) ohne Papiere griff und ich mein Quartier als: *die Welt* angab. Notiere eine Zuführung, so dass mein Tag verging.
Ich hatte mich heillos verspätet und die Weltversammlung versäumt. Am Morgen war ich vor Ort, und auf ein Signal *stürmte*, schlenderte die Handvoll Kronstadter auf den Reichstag zu, jenes Parlament, wo Ausreden gehalten werden. Das wehrte sich mit einem kleinen Gitter, und die Meute machte kehrt. Immerhin hatte man den Rasen betreten. Die Charta, auf die sich die Ab- und Ungeordneten so rasch nicht einigen mochten, wurde nicht verlesen. Sie wird von der Naturgeschichte nachgereicht werden.
Du, Mann von Los Quemados, hättest dein Krisenpapier aus der Lava heben können, den Dialog von den Ursachen, den Prinzipien und den vielen Welten, ein wahres Aschemahl der Verbrannten.

2 *Die Schwangere Auster*

Das Bauwerk liegt am Rand des Tiergartens, abseits einst vom politischen Getriebe in der *Besonderen Einheit* Westberlin (die sich selbst was Besonderes war), in den Büschen verborgen zu seinem Vorteil, weil es sich wie in den Savannen, wie in der Tiefsee wähnen kann; und wirklich haben es die Berliner auf den Begriff gebracht und *Schwangere Auster* getauft. Jetzt birgt es das Haus der Kulturen.

– Der Tiergarten war abgeholzt.

– Natürlich, der Krieg.

– Der Kalte Krieg, der Zeichen und Wunder brauchte.

– Kongresse!

– Es wurde uns von den Amerikanern geschenkt, was das stolze Berlin … was es stolze 19 Millionen kostete. Weshalb es auch andere Zunamen hatte, Uncle Sams Zylinder.

– Die östliche Baukunst hieß Stalinallee … Wie pflanzt sich die Auster fort?

Mein Begleiter sieht mich zweifelnd an: Ihre Vermehrung, meinen Sie?

– Die Schwangerschaft.

Ich zeige auf die Wölbung aus Spannbeton.

– Die Pazifische Auster erzeugt beim Laichen Unmengen Eier, die, wenn sich die Schale konvulsiv öffnet, herausgespült werden. Die männliche Auster sondert

gleichzeitig Sperma ab, eine Befruchtung im offenen Meer.
– Das wäre mir angenehm.
– *d'Alemberts Traum* – (er lacht): Sie werden lebend gegessen, wobei sie Schmerz empfinden.
– Die Kulturen der Welt.
Wir sind beim Thema, und er bei der Sache:
Am Großen Barriereriff sterben sie, wie die Korallen. Aber seit wann interessiert es den Menschen? und ab wann verursacht er es. Die Gletscherschmelze in den gestressten Gebirgen, der lautlose Abschied der Walrosse. Wir sind auf der Suche nach den stratografischen Indizes, im Packeis der Arktis, im Urschlamm Nordchinas, in der Badewanne der Ostsee –
Ich, ein wenig hinterher: In der Schwangerschaft soll man sie nicht verzehren.
– Mikroplastik, Kohlenstoffpartikel, Radionuklide infolge der Kernwaffentests. In Tropfsteinhöhlen, Tiefenschichten, bei Massenabtragungen.
Massen-Abtragungen, das Wort kann nicht ungeschoren passieren, und ich denke an Menschenmengen, Massenaufläufe, die Leitfossilien der Demonstrationen, die vor dem Reichstag abgetragen werden.
– Das menschengemachte Zeitalter. Die Bohrkerne werden die Anzeichen liefern für die Umweltarchive der Erde.
– Was sind das für Massen? Wie vermehren sie sich.

Die Unruhigen, Unzufriedenen, die auf die Straße gehn?
– Forscherteams, Wissenschaftler weltweit –
– Ich meine, die in der Tiefe sind, diese schwärzliche Schicht, die sich quer um den Erdball zieht, abgesunken, aber mächtig, sozusagen abbauwürdig. Aber die Bagger, die man ansetzen müsste, sind noch nicht konstruiert, man muss auf Polizeikräfte zurückgreifen.
Er ist längst weitergeschritten, in seinem Fachgebiet, das wohl globale Ausmaße hat, und hält vor großen Schaubildern der Katastrophenkunst.
– Hier sehn wir den Anfang Unserer Zeit. (Er kennt seinen Text:) Die Bio- wie Technosphäre sind extremer Beschleunigung und Verwerfung unterworfen, die gesellschaftlichen Prozesse hingegen beinahe zum Stillstand gekommen. Das Erdsystem
– geht mit dem Kollaps schwanger.
Er blickt sich schräglächelnd um, aber die Halle ist leer:
Schwanger, das kommt davon. Aus dieser Metapher kannst du die Wissenschaft bauen.
– Gewiss. Es ist ein Volk zu entdecken! (Ich lache gradaus:) Das schwangere Volk.
– »Das Volk, es tanzt.« Die Alleswisser, Nörgler, Verschwörer.
– Die Minderheit, die für die Mehrheit spricht und die Wahlen gewinnt. Gut, dass sie erscheint.

– An den Montagen, wie.
An den Feiertagen. Sie macht den Mund auf, sie feiert die Demokratie, rufe ich ratlos.
– Die offenliegende Erhebung, aus den vergipsten Strukturen … der Marker des Anthropozän.
– »Hängt die Regierung!«
Der Fachmann beugt sich über die Bohrkerne aus dem Heimatboden. Es ist nicht sein Amt, den Kopf zu schütteln, er sieht einen aussagekräftigen Fund.
– Das tun wir ja, die Gattung entdecken. In ihrem Tun und Lassen, in ihren stupenden Lebensspuren, nicht ihren Redensarten. Eine fremde, befremdliche Spezies, die sich noch immer entwickelt. Wohin? »Wir wissen es nicht, wir beschreiben es.« Das waren einmal Ihre Worte.

Er ist gegangen, ich sehe noch, Interesse zeigend, auf die Schaubilder und Tabellen. Miteinmal ist mir, als ob ich wieder vor jenem Bauplan stünde im centre de la résistance in Lyon: eine große klare saubere Zeichnung auf dem weißen Messtischpapier, millimetergenau und mathematisch exakt, ein ästhetischer Anblick. Die geraden Reihen der Baracken, der quadratische Stellplatz, die vier Krematorien. Es bedurfte moralischen Aufwands, den Plan zu lesen und etwas wie Grauen zu spüren. Aber ein ganzes Reich stand bereit, den Zement und die Balken zu liefern, die Bretter und Nägel, Kabel, Haken und Stricke, die Ingenieure, Arbeitskräfte und Bewacher, damit die Hölle funktionierte. Kein Rauch zu sehen, der nach oben steigt, und doch hatte ich Mühe, mich am Boden zu halten.

3 Empfang des Enzyklopen. Wortwechsel mit Sophie

Post von den Kanaren. »Ich hoffe, du bist wohlauf. Wir kämpfen, Erkältung, das Übermaß der Arbeit. Aber heut hab ich, um von der unmittelbaren Zukunft Optimismus zu borgen, Schnittlauchsamen und Joghurtkultur gekauft, für das andere Leben mit einer zu kleinen Bibliothek in einem zu großen Garten« … Ich dachte einen aufgeräumten Mann zu sehn, auf einer heiteren Insel in den Klippen sitzend, das Schoßpult auf den Knien, worin sein Denkgebäude ruht. Glücklicher Enzyklop in seiner Felsenlandschaft, mit dem Weltwissen lebend. Den großen Begriffsstutzer und Wortesurfer vor dem aufgeschlagenen Wörterbuch Vol. 1, *Abbau des Staates bis Avantgarde*. Aber ich begegne, auf dem Bildschirm, seinem sorgenvollen Schädel, in die Beete gebückt.

»Leben die Worte bald?«

will ich sagen – er lebt ja auf das letzte, den letzten Buchstaben zu, Z wie Zentrifugalkraft, Zynische Vernunft, aber ich nehme ihn beim ersten:

Aberwitz –

Zwiebeln, entgegnet er, sie sind geraten.

ICH Gewiss.
ER Und die Frühkartoffeln! Soviel hatten wir nie.
ICH Es langt zum Überleben.
ER Auf der Lava. Eine Katastrophe.
Der Enzyklop kann keinen Buchstaben auslassen in seinem historisch-kritischen Werk, sie sind jetzt beim Buchstaben K wie Krise, welche von gleich drei Leuten bearbeitet wird.
»Oder kömmt«, lästere ich, »wie der Strahl aus dem Gewölke kommt, aus Gedanken die Tat –«
»O! so nehmt mich«, fährt er fort, »dass ich büße die Lästerung!«
Er wischt die Pfoten an den Hosen ab und steht in Sack und Asche am Katheder:
– Ich büße hier meine Ideengläubigkeit ab.
Ich lausche, wie gewohnt, der Schüler, der sich dumm stellt. Wie immer ist nicht klar, ob die Vorlesung schon begonnen hat.
ER Wir kennen die Distanzschlafplätze auf amerikanischen Parkplätzen, das Distanzessen in chinesischen Fabriken, wir lernen jetzt die Distanzvorlesung schätzen. Das Nützliche ist eine Frage des Überlebens.
Er nimmt seine Früchte direkt vom Feld der Erkenntnis, ich lasse gern fleckige und unreife dazwischen liegen.
ICH Die Frage ist, ob unser Überleben nützlich ist. Das wird neuerdings verschieden beantwortet.

ER Das ist die Debatte, die unser Thema berührt. Moores welt-ökologischer Ansatz. Wir müssen hier, ohne unmittelbare Öffentlichkeit –

Er sieht auf, in der sichtbaren Verlegenheit, vor einem ungewissen Publikum zu reden, in der lässigen Taktlosigkeit, es aus den Augen zu verlieren.

ER Wie Kopernikus den Betrachter in den Weltraum, versetzt Jason Moore uns in den Naturraum. Das soll uns experimentell beschäftigen, indem wir uns aus dem imaginären Gegenüber in den dynamischen Zusammenhang bringen.

ICH Sieh, wer bei uns ist. Sophie!

Seine Schülerin. Sie ist gerade hereingeschneit, nämlich zugeschaltet. Leicht bekleidet wegen des Klimawandels, und nass geschwitzt. Sie kommt von einer Demo, ein Transparent lehnt eingerollt an der Wand.

ER Ich sehe diese jungen Leute, diese wache Generation mit ihren Plakaten GEGEN DIE –

er stutzt den Begriff:

Es gibt keine *Naturzerstörung*.

Sophie sitzt, auf- und abgeklärt wie nie die berliner Philosophie, im Liegepfuhl. Sie zeigt in die Welt, und muss nicht hinsehn:

Sie geht den Bach hinunter!

ER Die Natur – ist nicht zerstörbar. Zerstörbar ist unsere Lebenssphäre, genau nach den Gesetzen der Natur. Das ist selbst Natur.

SOPHIE Das ist der Mensch. Was tut er der Natur an!

ER Falsch gefragt; andersherum passiert es. Es gibt nichts, was Menschen tun und womit sie ihr Leben gewinnen, was sie nicht in ihr – was sie nicht *mit der Natur* tun. Natur & Co, das ist die Firma, in der wir antreten.

SOPHIE Die Frage ist, wer dabei das Sagen hat.

ER Die Natur lässt sich nichts sagen. Sie hört nur halb zu ... Die Natur ist verantwortungslos. Unser Vertrag mit ihr ist asymmetrisch. Aber wir sind aus der Natur, in der Natur, wir haben sie schon mal doppelt und gehen um mit Natur. Und Moore wirft uns aus dem Gegenüber in dieses ... doppelte ... Ineinander. Nehmen Sie meine Hand.

Er fasst eine Hand mit der andern, steht einen Moment händeringend, und ich, unwillkürlich, halte die meinen hin; Sophie hält die ihren versteckt.

ER Und mit derselben Leidenschaft, und Wildheit –
er plagiiert sie, wie ich ihn kopiere,
ringt Moore der Sprache den nicht vorhandnen Begriff für die Sache ab.

SOPHIE Die Klimakrise!

Sie macht sich, ohne die Hände zu brauchen, wie mit einem Frösteln frei.

ER Das Klima kennt keine Krise. Es wandelt sich Jahrhunderttausende. Die Erderwärmung ist die Kapitalismuskrise. Sie muss als etwas *in* der Natur gedacht werden. Das mutet uns zu, die üblicherweise, züchtigerweise –

ich suche Sophies Blick,
vorgestellte Beziehung zum Äußern, das wir zerstören, als inner-biosphärisches Geschehn zu begreifen. Dem steht im Weg, dass sich das Innen-und-Außen mit dem populären Gut-Böse deckt und dem ebenso feigen Opfer-Täter-Denken, das dort, wo Moore den Zusammenhang aufweist, die Verbindung zerschneidet. Womit wir im Privaten verbleiben konfrontiert mit dem, Kant: philosophischen Skandal der Außenwelt.

ICH Im Homeoffice.

Sophie sitzt kühl und ernst im Stream, wie es ihrer Natur entspricht. Ich hatte mich gestern mit ihr verabreden wollen, aber sie hat *viel zu tun*, was, sagt sie nicht, nun treffe ich sie ganz unschuldig auf dem Monitor wie auf dem Markt.

ER Wir stehn ganz am Anfang! wie Friedrich Engels sagte, als er Miss Burns auf ihrem Totenbett heiratet. Der Geburtsort der Erkenntnis ist die praktisch angegangene Sache. Im Versuchen hören die Dinge für uns auf, Objekte zu sein, denn sie entstehen unter unsern Händen ... und das Denken hört auf, bloß Gedachtes zu sein, weil es mit den Dingen konkret wird.

Die Probandin schaut mit roten Wangen auf die Dinge/ seine Hände und hört, wie die Natur, nur halb zu –

ER Denn selbstverständlich sind wir nicht so an die Natur gebunden wie Tiere, wir leben auf künstlichem Rasen. Die Technik hat zwischen uns –

er rüttelt an ein paar Drähten,
Vermittler gestellt, Maschinen, die die natürlichen Einflüsse umleiten, ableiten, aber nicht ausschalten, wir spüren sie unentwegt. Und wie wir als Mann oder als Frau und sonstige Gradierung geboren werden, mehr oder weniger freiwillig sterben und vom Zeugungstrieb mehr oder garnicht beherrscht sind, setzt sich unsere … Verdingung im sozialen Dasein fort. Sie ist alle menschliche Praxis, für die Moore die Begriffe fehlen. Die ungenau … behandelte … Bewandtnis der qualitativen Verschlingung … Durchdringung … Umschlingung … bringt ihn in eine Sprachnot, und –
Sophie scheint durchdrungen von seiner Rede, und weil sie allein ist, hört sie zügellos zu.
ICH Und?
ER Man muss die Losungen nochmal lesen … Es sind mittlerweile saubere, glänzende Maschinen, womit wir »die Welt in einen stinkenden, vergifteten Ort« verwandeln – Erich Fromm, und wenn wir dagegen protestieren, sind wir doch auf den *Fortschritt* aus, so dass wir die primäre Natur endgültig in eine gemachte
Verwüsten –
das ist wieder Sophie. Er widerspricht nicht:
Wir sind ins Universum geworfen. Wenn wir was Wirkliches erkennen, müssen wir mit ihm verbandelt sein, sonst erfahren wir nichts. Das Subjekt ist Objekt, für das was es als Objekt nimmt; das Objekt ist, auf seine Weise, nicht gerade Subjekt, dafür müsste es ver-

antwortlich sein. Aber etwas tun sie alle. Was Seiendes, das nicht wirkt, ist nicht. Ich bin nicht bloß tätig, ich bin empfänglich. Man wird aus diesem Hinterhalt, aus dem man zusieht … hinausgeworfen in die Handlung. Man muss dieses Innere denken, dann kommt man zur Sache.

Er steckt die Hände ein:

Der Philosophie der Praxis.

ICH enttäuscht: Und dein Experiment?

SOPHIE Es gibt keine *Praxis*.

Sie zieht ihre Arme aus dem Rockschoß, und die Kamera erfasst sie, schwarz wie sie sind von Öl oder Farbe – Sophie! Es fällt mir ein – zwanzig *junge Menschen*, Naturen … haben bei einer Protestaktion eine Wand des Kanzleramts mit *schwarzer Flüssigkeit beschmiert.* Öl sparen statt bohren – das ist die Losung der Letzten Generation.

Sie will nach vorn laufen und den Lehrer … nein, nicht berühren mit diesen Händen (und in der digitalen Welt), sie kann nur den Arm nach oben recken. Der Enzyklop sieht sie nicht und greift nach dem Wasserglas, und ich – Sophie, denke ich, Liebe ist wie ein Glas Wasser trinken. Aber sie lässt sich nichts sagen, die Verhältnisse sind asymmetrisch, sie klebt sich an der Autobahn fest.

Deine Hände – sage ich entsetzt.

Hände hoch! lacht sie.

ER Achso, die Hände,

und nimmt sie aus den Hosentaschen. Jetzt sehe ich ihre abgelederten Flossen.

SOPHIE Wir haben sie losgelassen.

4 Brief meines jungen Neffen / Arbeitspapier

Wie es aussieht ist das meine letzte Arbeit
Schreibt mein junger Neffe Evolution und Gesellschaft
Ein *Entwurf*. Die Therapien sind fehlgeschlagen
Schmerzen Die Sache nimmt Fahrt auf. Er war noch immer gelassen
Seinen Tod im Leib und das Leben noch vor sich
Das Arbeitsamt schickte ihn als Hilfskraft zur Heilsarmee
Die ihm bescheinigte, nicht zu brauchen zu sein. Er ging
Ins erschwingliche Exil, »auf Mark Aurels Boden«, nahe Gran
Kein Thema abhandeln einen Denkstil finden
Vor allem keine Konsistenz, wenn es um Wahrheit geht
Die Welt ist ein Fragment. Vielleicht lassen sich die Rätsel
Nur auflösen, wenn er in Rätseln spricht Leider verstehe ich nichts
Von Quantenphysik Der Beobachter ist Teil und Akteur

Im beobachteten Ereignisbereich (am Rand der
Gesellschaft)
Eine Wissen- und Tatschaft (für Heller und Pfennige).
Das ungebundene ist sogleich das glücklichere
Denken
Es wird nicht schaden, Natur&Kultur als Fließgewässer
Zu betrachten/behandeln Statt der großen Begradigungen
Da und dort ein Damm mal ein Polder, im allgemeinen
Dem Fluss seinen Lauf lassen. So reden Cäsaren
Und underdogs im Drogenrausch Ein ununterbrochener
Wechsel und damit eine besondere Art Gleichförmigkeit
Problem und Lösung, Katastrophe und Aufbruch
Eine lange Epoche ungewohnter Unordnungen.
Natur&Kultur: Die biologische Selektion greift
Die Individuen an, die kulturelle betrifft Produkte
Verhältnisse Ideen etc., ohne dass zwangsläufig,
sagt er
Menschen geopfert werden müssen Ich selbst bin ein
gutes Beispiel
Als jemand der im biologischen Kampf schon verloren
hat
Den aber die Medizin am Leben hält. Er vertraute
darauf

Dass ihn die Medikamente, wenn es zuende geht
Im Moment kommt mir alles wie ein Abenteuer vor
Nicht wie eine Bedrohung, betäuben Was geschieht
Ist eigentlich ganz alltäglich

5 *Das Liquidrom*

Sophie hat Zeit gefunden. Sie will mich sprechen.
Was gibts?
frage ich mit langsamster Stimme.
– Nichts. Wir müssen uns sehn.
– Sprechen, denke ich?
– Nicht bei mir. Nicht bei dir. An irgendeinem Ort.
– Fällt er dir ein?
Das Liquidrom? beschließt sie.
Ich mache mich kundig. Irgend ein teures Lokal, wo man flüssig sein muss. Ein Ort, *wo es besonders zugehen kann,* was für Berlin nichts Besonderes sei.
Ich bin auf nichts gefasst. Wir finden ein vielfach zugespitztes Indianderzelt. Ein schwüles dämmriges Entrée.
Eine Wärmestube, sage ich.
– Ein Waschsalon.
Ich sehe sie ratlos an.
– Ich geb dir mein Handtuch.
Sophie zieht mich durch Gänge aus grauem Naturstein, eine gleißende verlassene Bar und dunkle (bewohnte)

Ecken, *Ruheräume* (= Verstecke). Wir setzen uns in die Finnische Sauna. Die Insassen legen, zum Gruß, den Zeigefinger auf die Lippen. Ein Angestellter, ganz Abgebrühter – wir sehn durch den heißen Dampf, dass er nackt ist – gießt mit der kupfernen Kelle ein duftendes Nass auf die Steine. Wo denn hier reden?

Wir wandern unter die große abgedimmte Kuppel, da kann man sich anstandslos in den Sudel legen. Ein Schild unterrichtet: *Verzichten Sie auf laute Gespräche und reduzieren Sie den Austausch von Zärtlichkeiten auf ein Minimum.* Mit Sophie zumal also, ich berühre sie sacht am Nacken – sie taucht weg und triftet in die Mitte des Beckens und bleibt auf dem Rücken liegen.

ICH Ein Toter Mann.

SIE Ich schlafe.

– Er schläft.

– Ich hatte einen Traum. Ich klebte noch mit den Hosen am Hermsdorfer Kreuz, als die Polypen kamen und uns wegtragen wollten. Es waren aber so viele … *5000 Beamte*, dass sie die ganze Fahrbahn mit in die Höhe hoben und ich die Übersicht hatte.

– Die Übersicht, im Traum?

Sie blickt sich um und duckt sich unter den Großen Wasserschwall. Ich sehe neben mir ein Paar sich heftiger *austauschen*, sie versetzen sich in eine Erregung, die keine Öffentlichkeit scheut. Ich sehe den Wasserstand schwanken.

Sieh, Sophie, flüsterte ich ... wie sie mit allen Gräten, das ist das Maximum ... ohne einander den Gefallen zu tun, am Ziel anzuschlagen: mitten im Weltmeer, wo sie laicht und er sein Scherflein verströmt. Jetzt bieten sie nur noch das Bild von zwei Paddlern.

Sophie, hat die Übersicht:

Sex maritim.

ICH – Kennst du d'Alemberts Traum?

Natürlich, sie hat Diderot gelesen.

– Weißt du noch wo?

Ich, für meinen Fall, im großen Lesesaal, die Sonnabendabende waren das Götterleben ...

La Mettrie, sage ich, L'Homme machine, mit der *Widmung* an Haller, den Frömmler, in der er behauptet, er habe neulich mit ihm im Bordell diskutiert.

– Die Bosheit des Materialisten.

Ich streichle den warmen Pfuhl:

Die Weltaneignung durch die Sinne.

– Das ist eine erfrischende Spielart hier.

Als ich nun unwillkürlich den Arm um sie lege und unversehns die Rundung des Busens umfasse, begreife ich, wie sich der Begriff ins sinnliche Sein verwandelt.

SIE Diese Philosophen waren fähig, den Kosmos ohne jeden Gott zu denken; unsere Fasern und Körper verlangen, die Gesellschaft ohne Herrschaft zu sehen.

Jetzt muss ich sie fester halten.

– Diderot nimmt den Einzelnen zum Exempel, einen Blinden, einen Träumenden, der im Schlaf, zu Gedanken … *kommt*; während der Marxismus, in seiner taktlosen Art, die Gesellschaft betrachtet.
Wir floaten schwerelos in der Lauge.
– Ich lebe ja auch nicht, schlafe ja nicht nur mit Einem.
Du musst es nicht exemplifizieren, sage ich, zum Minimum reduziert.
An einem Menschen, gibt sie freiherzig zu, kannst du auch nicht die Gesellschaft erklären, er beweist nichts, er ist nicht das Ganze.
– Also musst du aufs Ganze gehen.
– Hör zu, kannst du mich unterbringen?
– Wirst du gesucht? Bist du vorgeladen? Die Autobahnmaut, wie.
Sie sinkt prustend wieder ab und zieht eine große Runde. Sollen sies wagen, denke ich, diese Generation zu Feinden des Staats zu erziehn.
– Was soll ich tun?
– Zahle den Zaster, lasst euch bestrafen. Tauche nicht ab, sei da!
Sie liegt wieder reglos, nur die Finger bewegend. Ich höre die Walgesänge.
SIE Das ist kein Traum: eine Frau war ins Wachkoma gefallen, der Schwangeren wurde das Kind entnommen; nach bald drei Jahren gab man sie auf und legte sie in ein Heim, wo man eines Tags versäumte, ihr die

Medikamente zu geben; ein junger Pfleger, der den Blick nicht von der Bewusstlosen wenden konnte, machte ihr mit der Hand ein Zeichen, wie es die Taucher tun: und sah, dass sie die Bewegung erwiderte, sie war ins Leben getreten. Und hielt, nach fünf Jahren, ihr Kind in den Armen. Das ist eine schöne, grausame Fabel.

– Eine Frau, was besagt das.

– Nichts. Es geht mir nicht aus dem Kopf.

– Die Gesellschaft, meinst du, die ohne Bewusstsein dämmert …

– und aufwacht, und eine Generation ist geboren.

6 *Besuch auf Los Quemados und die späte Abreise*

Ich sehe in die graue Gegend auf der Mattscheibe. Es ist ein schlechter Empfang. Der Vulkan hat sein Haupt in der verschütteten Achsel geborgen.

DER ENZYKLOP (aufgeräumt:) Gehen wir spazieren?

Auf der Insel! freue ich mich.

ER Flanieren, im Netz.

ICH Das ist bequem.

ER Die Menschheit geht online. Dasein heißt Online-Sein.

Wir schlendern über das Eiland. Eine Idylle (denken wir) und in Wahrheit das Grauen.

ER Eine Idylle, wenn du nicht runtersteigen musst, am Abend den Fisch kaufen. Nicht zu allem bequemt sich die Technik, sie macht uns nicht den Gehherda, den steilen Hang muss ich selber laufen.

ICH Wer sich exponiert, muss die Folgen tragen.

Schleppen,

erwidert er, schwenkt das Einkaufsnetz und läuft aus dem Bild. Ich hätte ihm, mit der Wunde am Bein, nicht folgen können (doch die Lavaasche wäre womöglich das Mittel gewesen). Mein Magen knurrt, es revoltiert in ihm. Der Vulkanismus im Leib. Dieses Inselchen ist gemacht für das neue *arme Leben*. Was hat er geschrieben? »Es gibt keinen Begriff mehr für das, was geschieht. Ich sitze in der Wirrnis von Fragen, im Geflecht von Problemen, von Schwierigkeiten umschlungen wie Laokoon mit seinen Söhnen. Steine spalten ist leichter als Gedanken. Abrazos.« Ja, die Worte sind verdreht, die Begriffe verkehrt, der Frieden ist Krieg. Der Fortschritt das Elend. – Der Zyklop kommt schweißgebadet zurück und legt den schweren Fisch auf die Bank, zerlegt ihn nach mir nicht geläufigen Regeln, öffnet die Flasche Wein und lebt auf. Aus seinem Recorder Mozartmusik.

ER Des Lebens Überfluss.

Ich kann nicht mit ihm speisen … aber seine Worte munden.

ER Siehst du, wie heut die Calima weht?

ICH Das Klima?
ER Das Wetter, nicht das Klima. Der Saharastaub, der als Wolke über die Kanaren zieht.
ICH Darum die schlechte Sicht …
ich bin nun auch entspannt:
Ich bin ein Anhänger der Eiszeit. D. h. nicht unbedingt der Eiseskälte, sondern der Unausweichlichkeit ihres Eintretens. Der Frost kommt in absehbaren, in wenigen hunderttausend Jahren zurück an die Stätten seines Wütens bzw. Erstarrens.
ER Nimm es an.
ICH Es wird auch dann Klimaaktivisten geben.
ER Warm angezogen.
ICH Dampfende Demonstrationen. Auf den Gletscherzungen.
ER Wenn man noch Losungen glaubt.
ICH Das Für und Wider die Sander und Findlinge.
ER Die Menschen die Findlinge. Man wird sie bergen. Findlingsgärten in der Lausitz! Man wird um eine raschere Abfolge der Gezeiten kämpfen.
Er hält die Gräte hoch, sauber abgespeist.
ICH – Ist dir aufgefallen, dass die Kompositionen jetzt in viel höherem Tempo erklingen? Die Pianisten überbieten sich in Geläufigkeit, und die Klavierkonzerte werden mechanisch heruntergedroschen, kaum noch zu erkennen. Eine grassierende Hast.
ER Ein musikalisches Opfer für das Konzertwesen.

ICH Beschleunigung und Verwerfung!

ER Wie der Musik wird es den Texten ergehen – auf dem digitalen Tablett serviert und vom Server verkostet, eine so lässige Lektüre, dass die Sätze Sinn und Verstand verlieren und Rhythmus und Klang ausbleicht und nur ein paar Informationen übrigbleiben.

ICH Falsche, wie gewohnt.

ER Falsch, die gewohnten.

Ich schweige, der Schüler, und kann berichten:

Die Theater haben es schon ausprobiert, artistische Textvertilger, wie Thalheimer sie auf die Bühne ließ in Emilia Galotti, die er zum Einakter machte, ein höchster Genuss und tiefster Verlust. Die alte Inge Keller hat entrüstet den Saal verlassen.

ER Aber die Schauspieler hatten wieder Seelen!

ICH Ja, das ist wahr, das war wunderbar.

ER So hoffen wir, dass der ganze technische Drive unsere Eigenart ausdrückt.

ICH Unserer Einzigartigkeit.

ER Wenn du willst.

Ich will es nicht, ich räume bereitwillig ein:

Ich habe eine Ozeanierin sagen hören, dass wir im Innern Europas den Kontinent zehnmal größer denken, als er auf der Weltkarte ist. »Nur in einer derart geschrumpften Unendlichkeit kann man auf die Idee kommen, einzigartig zu sein.« Mit einem besseren mathematischen Gefühl begabte Kulturen, mit einer besseren Musik, wir haben nur Mozart, Bach, Beethoven, wüssten, dass das Universum unendlich mal unendlich ist. Das setze mich ins Verhältnis, und das sei kein tragisches, es sei ein freundliches existentielles Gefühl.

ER Mozart. So denkt sie von der Musik?

ICH Klassische, Kriegsmusik! Beethoven-Schlachten.

Er blickt mich neugierig, fast entzückt an.

ICH Eine Realität mitbekommen, in der man unbedeutend ist, bedeute die vermeintliche Herrschaft verlieren. Die milden Praktiken –

Ich nehme einen zerlesenen Zettel vom Tisch:

»die guten Praktiken mancher verbaler Kulturen sind terrorisiert und verdrängt worden von der Schriftkultur … Die Kolonisierten waren zu höflich, kommunizierten zu kooperativ, hatten« –

ER So denkt sie von der Schrift.

ICH »Ficken wir das Alphabet!«

Der Enzyklop sitzt mit erhobenen Händen:

Großartig.

Kleinlich, sage ich liebevoll, menschengemäß.

ER Sie muss mitarbeiten.

Und, geübt, aus einem Thema ein Stichwort zu machen:

Der Begriff *Überschätzung des Selbst* ist offen, den ich dir zugedacht hatte.

(Ich, ach, arbeite nicht in seinen Plantagen.)

ER – Mozart geht mir auf die Nerven. Wo lebt die Person?

ICH In Wien, ehrlich gesagt.

Er scheint beschäftigt, und ich will nun La Palma verlassen.

ER Hermanngasse. Warte noch, ich kriege Gäste.

ICH Hierher? Woher.

Er zeigt in die ozeanische Weite. Tatsächlich klimmen viere den Berg rauf, zwei Dunkle, eine Helle, eine Gelbe.

Ich will nicht stören, sage ich.

Sie sind da, er begrüßt sie, jeders mit drei Küssen. Zu mir hin:

In Esslingen war mehr Ruhe. Ich gewöhne mich an die Begängnis.

Er trägt den Herrschaften auf, aufbehaltene Reste:

Sie essen noch was, dann werde ich sie unterrichten. Jomo, U' Tamsi, Salma, Muin.

ICH – Ein Anblick, wie ihr miteinander ... auskommt.

ER Eine Menschenmischung. *Die Zukunft ist eine Mullatin ...*

ICH Das werde ich nicht mehr sagen. Man würde mich lynchen.

ER Nicht in Quemados.

ICH – Die Franzosen spekulierten einmal, Menschen mit Tieren zu mischen.

ER Spekulierten? sie experimentierten; die Aufklärung. Man brauchte die Pferde aber in den Napoleonischen Kriegen.

ICH Wird sich die Menschheit wie in der Metro vermengen?
ER Bedenke, was es für große Vorzüge hat, die Idiotie des Landlebens, des In-einem-Land-Lebens aufzunorden und zu -süden, zu verwestlichen und zu verosten. Wenn sich, aus allen Himmelsstrichen besamt und beflügelt, eine gemeinsame Rasse entwickelt, wird sie interessanter sein als die Dumpfbacken und Landsmannschaften an ihren Stamm-Tischen.
ICH Da wird der Artenschutz Vorbehalte haben.
ER Der Nationalismus ist das schlimmste Übel der Völker.
ICH Man kann ihn nur, wie die Stammesfehden, durch riesige Feste wegfeiern.
Die *Gäste* haben sich, ein sachtes Lied anstimmend, zu einigen Bewegungen oder Tänzen erhoben. Ich ziehe mich in meine vier Wände zurück, lasse aber den Ton an, um nicht den Kontakt zur Welt zu verlieren. Am Abend ist es stille, ich sehe den Freund sinnend vor seiner Hütte sitzen.
ICH »Vor seiner Hütte ruhig im Schatten sitzt« –
ER »Der Pflüger; dem Genügsamen raucht sein Herd.«
Wir haben *eine* Sprache, und ich kann sagen:
»Wohin denn ich?«
und er fährt ruhig fort:
» ... warum schläft denn / Nimmer nur mir in der Brust der Stachel?«

Ich setze mich zu ihm. Die Zukunft ist noch kaum erörtert. Er weist auf die Stapel Manuskripte, philosophischer Begriffe:
Wir sind bei 9/I, *Maschinerie bis Mitbestimmung*.
Der enzyklopädische Zufall hat gut mitgearbeitet.
ER ... das wilde Leben ist so einfach, und unsere Gesellschaften sind so komplizierte Maschinerien, Diderot. Das sind tausend Seiten bis Mitbestimmung.
ICH – Ist es aber nicht schade, die tausenden Völker verschwinden zu sehen?
ER Falsch, globalisiert zu sehn. Und wenn sich ein paar ursprüngliche Stämme erhalten, so schlurfen sie einmal aus ihren Schließanlagen und lassen sich assimilieren.
ICH Und die Landschaften, werden sie auch egal und global gemacht?
ER Die Landschaften?
ICH Die anmutigen Auen, die Streuobstwiesen!
ER Es tut mir leid. Die mexikanischen Vegetationszonen mit ihren Mammutbäumen, Passatnebeln, dem Regenwald werden sich eine Weile erhalten, aber die Wetterwechsel und die Weltbank werden auch hier ganze Arbeit tun. Und die Kornkammern zu Wüsten machen und die Wüsten zu Schwemmland.
ICH So wie die Hungermärsche Metropolen vergewaltigen und den englischen Rasen betreten. Wir werden Bastarde sein.
ER In der Pampa der Ballungsräume, an den Algentafeln des Weltmeers.

Der *Pflüger* gräbt eine Handvoll Frühkartoffeln heraus.
ICH Und mit den Sprachen, den Eigenheiten –
ER Die werden reichen, für alle.
ICH Wie, die Kartoffeln.
ER Und schmecken. Ich brate sie roh.
ICH … den Sprachen, den Eigenheiten der Kultur, den Künsten hast du kein Mitleid?
ER Der Kultur? Sieh, was davon bleibt, in unserer Medienwelt. Eine Wüste der Unterhaltung sinnverarmter Lemuren. »Und es kann sein, dass es dich irgendwo zitternd alleine zurücklässt, eine nutzlose Person« –
ICH im zertrampelten Tiergarten, wenn der Strom ausfällt.
ER Ich habe die Verf. gefunden.
ICH im Theaterton: Die *abgelebte moderne Gesellschaft* – sei sie feudal oder mittlerweile faschingisch, mag zum Teufel gehen. Zu was soll ein Ding, wie diese, zwischen Orbit und Deponien herumlaufen?
Er schweigt, und sehr lange habe ich recht, bis er doch endlich! zu texten beginnt:
Falsch. Sie richtet zugrunde, und richtet sich auf, und ist das Beste was wir haben. Aber wenn die Fiktion der Nationen zerstiebt, werden die Grenzen verblassen und sich Räume öffnen, Regionen, für die Berber, die Kurden, die Slawen, die Schrumpfgermanen. Die Hindus und Moslems eine Unglaubensgemeinde!

ICH Und wenn die Fake News der Demokratie von den Wänden blättern – wird das Einverständnis erlöschen, der große Freibrief des Unrechts.
ER Des *Unrechts*.
ICH Das Stichwort wird dein Projekt ruinieren. Am Eigentum lässt sich der Staat nicht kränken.
ER Es kommt in Bd. 13, *Ungerechtigkeit, Zeitdauer, Zorn*.
ICH Innenministerin Faeser: Wir sind für den Herbst gut aufgestellt.
Wir reden jetzt in der Dunkelheit, plötzlich müde geworden.
ER Besuche mich einmal wirklich.
ICH Die Insel ist zu enge, um mich zu bewegen.
ER Zu eng?
Er blickt zum Sternenhimmel:
Genug, um zu flanieren … Um Boden unter den Füßen zu haben. Bring Sophie mit!
ICH Sophie, hat zu tun …
ER »Was, sagt sie nicht.« Sie leimen sich jetzt an die Rollbahnen.
ICH Das ist die Verzweiflung! Das ist die Vernunft.
ER Es sind die Bewohner der Zukunft. Sie *sitzen* nur vor ihr.
ICH Sie blockieren sie, so fängt sie an. Mit einer Straftat
Er schweigt und sieht mich herzlich an.
ICH – Was meinst du, was wird daraus werden?

ER Ich weiß es nicht.

ICH Das Gegenteil von dem, was wir glauben.

ER Ich wage es nicht zu denken.

FORTWÄHRENDER VERSUCH, MIT GEWALTEN ZU LEBEN

Am Anfang sucht man die Lichtungen in den Forsten. Wolfgang Hilbig

Über Geschichte kann niemand urteilen, als wer an sich selbst Geschichte erlebt hat. Goethe

Wilhelm Rudolph, *Zerstörte Elbbrücken.* Zeichnung, 1945. Staatliche Kunstsammlungen Dresden, Kupferstichkabinett.

Naturgewalt und Menschennatur

Urszene. Er wuchs zwischen Feldern und Trümmern auf. Die Natur stand festlich da, während die Stadt eine Wildnis war. Auf den Ruinen begann eine eigene Flora zu siedeln, über die die Zeitungen Abhandlungen brachten. Sein Ort war die Lichtung im Wald, von wo aus er drunten die große Wunde sah. Der Fluss strömte hindurch, und oben der blühende Rand umfasste sie; sie würde sonst nie zu heilen sein.
Zuerst, was Arbeit ist, lernte er beim *Enttrümmern.* Einen langen Schultag ging es ans Steineklopfen. Das war ein ernstes Fach, da gab es keine Zensuren; die Fehler waren gemacht. Man kam mit Schwielen davon. Es war kein gewöhnlicher Schutt, da lagen die dresdner Ruinen, man konnte noch in den Resten die Schönheit ersehn, die Anmut der ausgeglühten Fassaden, eine geborstne Pracht. Er war nun *seiner Arbeit ein Maurer*, wie Hebel sagen würde, nur von umgekehrter Art, der nicht Stein auf Stein setzt sondern losbrach und die ganzen herauszog, die sie in die Loren warfen. Erlesene Stücke, aus der Ziegelsteppe. Bei all dem Lärm eine Stille; ein Ernst, eine Feierlichkeit lag auf der Szene, die Totenstille. Der Vater? war *im*

Feld geblieben, er hatte den Söhnen, vom Waldschlösschenblick, den Anblick der Altstadt gezeigt, der jetzt zerschmettert in seiner Seele lag. Er blickte immer wieder bereitwillig auf, aber Dresden gab es nicht mehr, nur die Skelette der Türme vom Mittagslicht legiert. Er hatte, am Aschermittwoch, den glutroten Himmel gesehn, der schwarze Ruß war aus der Tiefe heraufgeweht und die Ausgebombten mit rußschwarzen Gesichtern. Seine Lehrstelle war eine Brandstätte, inmitten ein mythischer Rost aus Eisenbahnschwellen, auf den die Toten gebettet worden waren, angeloderte Gestalten, um endgültig verbrannt zu werden. Er hatte (auf Fotografien) die verschmolzene Totenmasse gesehen, sie förmlich riechen können. Das war eine andere, an der Ostfront gelernte Arbeit gewesen, wie die abgründige der Piloten in ihren Lancaster-Maschinen, die die Christbäume an den Nachthimmel und die Phosphorbomben in die Eckhäuser setzten.

So wie es die Trümmerflora gab, gab es die Trümmerfrauen, die in der Morgenfrühe zur Stelle waren, um ohne die Männer Hand anzulegen. *So hab ich mir die Arbeit nicht gedacht / Wenn ich sie mit ihm teile*. Jetzt gehörten sie zu der Verwüstung dazu, jetzt hatten sie damit zu tun und würden sich nie herausreden können. Man konnte es ihnen ansehen, an ihren verbeulten Wangen, an ihrer Leichenblässe, wo wir die Arbeit lernten, und nach der Schönheit gruben in dem Grauen.

Das Mitteldeutsche Loch. Bevor es ans höhere Lernen ging, wurde er an die Maschine gestellt. Sein bester Tag kam, als der Drucker Laroche nicht erschien, und der Apparateführer durfte sie selbst bedienen und die Bogenfängerin von oben herab, vom Farbwerk begrüßen. Wie enttäuscht war er, als Laroche nach dem Frühstück hereinschlich und wieder das Zepter ergriff. Von einem andern Tag zu schweigen, als er nach einem Wort zuviel entlassen war. Dann soll die Maschine, dachte er, nicht in der Demse hier, das nächstemal muss sie im Wald stehen. Im Wald die Bäume in Reih und Glied (der deutsche Wald), Harztöpfe an den Stämmen, um auszubluten, bevor sie dem Neuaufschluss weichen. Er sah, wie sie in die Knie gingen vor den Planierraupen, und trat in die gewaltige Lichtung, nicht um nachzusinnen wie einst, sondern als *Arbeitskraft.*

Als er dann in der großen Grube stand, vermummt in die Wattejacke, der Atem dampfte vorm Mund, waren sie längst durch die Landschaft gegangen mit ihren Schaufeln und Hacken und hatten sie planiert, entwässert, nämlich leergepumpt bis in die ältesten Adern. Sie war in den Gehöften als Schutzgebiet reklamiert, weil niemand als sie hier hausen und herrschen durfte. Also liefen sie Schicht für Schicht im schweren Sand auf das Großgerät zu. Er war einem Koloss zugeordnet, der schlicht, wie ein Kellner, Absetzer hieß und die Massen bewegte, die über dem Kohleflöz lagen. Das hatten Naturgewalten von den Wäldern erpresst und zusammengesintert. Dieses Gewaltgeschehen von Urzeiten her wurde nun *mit Sinn und Verstand,* den Nischel im Plan, auf die Spitze getrieben. Er wusste, dass es für ihn eine Aufhaltung war, beinahe verlorene Zeit, eine unsinnige Anstrengung. Albert Wach, an dem er hing, ein Jungfunktionär in die Produktion versetzt, forderte ihnen *Siege* ab, um Kubik zu bringen. Aber mehr als die Vollzüge zum Schüttgraben brachten, konnten sie nicht verkippen, auch wenn sie den Wagen entgegensprangen und die Hebel im Fahren hochrissen! Es hing nicht von ihnen ab. Er stand nur hier im Regen, im Frost, hier war sein Platz, hier unten im Dreck, und da sein Fall immer verworrener wurde, musste er denken, nimmer herauszukommen und auf die Art sein Leben zu fristen.

Und tatsächlich, längst auf und davon, hat er ihn weiter dort unten gewusst, vermummt in der Grube, den weißen Atem vor dem Milchgesicht, und höhnisch zitieren hören: *Das ist der Tagebau mein großer Leib / Wenn ich gehe wird er größer wenn ich / Stehe bleibt er stehn So groß bin ich /* Kannst du mich sehn Der letzte Dreck im Dreck – so sah er sich nämlich und fragte sich: Begreif ich mich / Ich kenn das Loch auch in der Mauer / Soll ich dir sagen wo ich gestern war / Im Auffanglager ich zwischen zwei Schichten / Grinsend … und der Kerl hat den Kopf wieder in den Sand gesteckt. Und er, zu ihm hinabgebeugt wie ich jetzt, fuhr ruhig fort: Ich will die Welt von unten sehn Kollege / Ich zieh mich nicht heraus aus meinem Loch / Und für den Letzten soll die Welt gemacht sein – und hat, verteufelt! die Reiche und Herrlichkeit der Welt gesehn.

Es dauerte, es musste die Republik untergehn, bis die Gestalt verschwand und ihr Heldentum. Und sich dieses *ptolemäische Weltbild entwirrt hat*, und sich *die Perspektive umkehrte und die Evidenz zum Augenschein degradiert* war (mit Hebels deutschen Bauernworten gesprochen).

Dialektik der Natur. Als er endlich die Fakultäten wechselte und von der bodenständigen in eine abgehobne gelangte, sah er Professor Zweiling an die Tafel schreiben MARX ENGELS LENIN und er hörte nicht auf: STALIN, welch letzter längst gestorben war. Descartes lebte. »Mich selbst will ich so ansehen, als hätte ich keine Hände, keine Augen, kein Fleisch, kein Blut noch irgendeinen Sinn, sondern glaubte dies bloß fälschlicherweise zu haben.« *Meditationes de prima philosophia.* Der begeisterte Leser konnte, noch die Blutblasen an den Pfoten, nicht in diesem leiblosen Denken verharren. Die Arbeit hatte ihm die Sinne geschärft und die Augen geöffnet für ihre Wahrheit: dass sie nämlich in all der Mühe und Genauigkeit, und so rational und rekordverdächtig alle Gewerke ineinandergriffen, aufs Ende gesehen ein ganzer Unfug war (und eine unsinnige Anstrengung auch für die Erde; die allerdings nun Neunseenland hieß). Und immer wieder einmal an die Abbruchkante zurückgekehrt, an der sich das Aschewasser in das Restloch entlud, sah er die devastierten Fluren, sein altes Tagwerk, als das Resultat blinden Wühlens, unserer Ersten Philosophie, und erlebte wie in einem wüsten Traum, *wie zweifelhaft alles sei.*

Die philosophische Fachschaft war, was *die Sonne der Arbeit* angeht, um die sich die Gesellschaft dreht, in einer komfortablen Position: sie hatte – was Marx in die Sterne schrieb – *ihr Gleichgewicht gefunden.* Hier ging man auf sauberen Strossen (der Brigade der Theologen voran); hier wurde die Arbeit nach Adam ~~Ries~~ Smith als abstrakte Allgemeinheit gedacht, die Selbsterzeugung des Menschen. Folgerichtig wurde er auf dem Korridor angehalten, sich des *kumpelhaften Tons* zu entschlagen. Er würde nicht mehr in Rekorden denken (die hatten die Klassiker alle gebrochen), sondern in Kategorien, die apriori alle Wirklichkeit in sich fassten, man musste sich mit ihr nicht aufhalten. Man durfte dem Lehrbuch folgen. Kein Syllogismus, keine formale Logik zeigte auf, dass Arbeit für jeden was anderes war, eine herrliche oder elende Tätigkeit, weil er im Dreck oder an den Hebeln steht (andern Hebeln als an den Abraumwagen), und so kollektiv sie organisiert war, und welche neuen Verhältnisse sich brüsten mögen, sie reißt die Gesellschaft auseinander, mit Naturgewalt.

In diesen Tagen wurde an einem neuen Lehrbuch gefeilt, und Dr. Seidel wagte, unter der Hand, das Wort PRAXIS zu schreiben, das auf *Veränderung* zielte, auf die praktisch-sinnliche Tätigkeit, welche, wenn man sie einmal konkreter dachte, verdächtig war, weshalb er so bald nicht Professor wurde. Es war der unheimliche Glutkern berührt, an dem man sich die Finger verbrannte. Denn diese abgehobene Disziplin hatte ausgerechnet den Auftrag, den Staat zu tragen, so wacklig die Träger selbst auftraten. Darum war, in mythischer Zeit, der Lehrer Bloch vertrieben worden und die Menschen umher, wie die Wälder von Schwarze Pumpe, in die Knie gegangen und Teller, sein *Major Tellheim*, in die Produktion geschickt.
Das war die Lage vor Ort, als er ankehrte und in die Wissenschaft einfuhr, während man im leipziger Umland die höhern Semester Antennen von den Dächern sägen sah. Wie leicht die Menschennatur, wird sie genug instruiert, in Versuchung kommt, sich Macht anzumaßen. Er erfuhr es in dem mächtigen Schweigen, statt aufzuspringen! als dem Kommilitonen Winkelvoß, nach dem Mauerbau, das Blauhemd vom Leib gezogen und er im Unterhemde geext war. Und wieder in dem Moment, als sie unwillkürlich in den Keller der Mensa lauschten und beratschlagten: wieviel *Prozent?* (Westmusik), und sie sich im Begriff hinabzusteigen und einzuschreiten ertappten, und er beschämt wusste, was für ein erzeugter Unmensch er war.

In Erwartung der Winde. Wenn man etwas ganz fest weiß und doch nicht wahrhat und zuwiderhandelt, so als wäre es nicht so wichtig, ob morgen auch noch ein Tag ist – denn so sagt man ja: »morgen ist auch noch ein Tag«, dann lebt man in ihn hinein in der Gegenwart, wo längst ein anderer Wind weht. Und Wirbellüfte in der Ebene warten, und Überschwemmungen, denn man will im Überfluss leben. – Er war im BER, wo sich alles beteiligte Material gegen die Fertigstellung gesträubt hatte, in einen Flieger gestiegen, der wiederum den Abflug verpeilte und die Luftfahrt hinzog (auf die Hundsinseln), und ihm war bei dem Unternehmen hundsübel gewesen in den weißen undurchsichtigen Wolken bei dem Kerosingestank. Er hielt übrigens am Glauben an eine kleine Eiszeit fest. Als er in die frostige Hauptstadt zurückkam, die Rolltreppen standen und die Koffer überzogen die Zeit, die S-Bahn war noch unterbrochen und die Eintrachtstraße gesperrt, fragte er zögernd den Nachbarn:
»Nun, Jens, was gibts Neues?«
»Alles in Ordnung, Alter. Das neue Zeitalter ist abgeblasen. Keine Mark mehr, keine Milliarde für Kriege.«
»Ja was machen wir nun!« rief ich erfreut.
»Aber du kannst dich trösten. Die Arbeit wird der Gesellschaft nicht ausgehn.«
Sie gingen ins Schönholz auf ein Bier.
Auch wenn sie alle Maschinen einspannt, und sich Kohorten in die Arbeit flüchten! Zu tun gäbe es doch

genug, wenn man die allenthalben, liegenbleibenden Dinge anfasste oder fallenließe. Kommunale und globale Erledigungen, die zwar keinen Zaster bringen, aber ertragreich sind. Zumal, so wie sie wirtschaften, ganz andere Aufgaben auf sie zukommen, die von der Natur gestellt werden, die sie benutzt und benachteiligt haben und nun selber *Bedarf anmeldet*. Sie macht sich bemerkbar mit Seebeben und Taifunen. Das wird eine Arbeit sein, die mehr Massen braucht als die Feldzüge – Armeen, die gegen Katastrophen kämpfen. Die Gegner wären nicht Staaten sondern Stürme. Luftangriffe, wie sie noch keinen erlebt hatten. Noch gar nicht zu reden von den Meteoriten! Das wird eine Menschheits-Tagschicht sein, eine Weltarbeit, nach den Weltkriegen.

Von der Gewalt der Liebe

Dem Lieben hatte er ahnungslos beigewohnt, hinter dem Bett der Eltern schlafend, aber der Vater war im Krieg geblieben, und er hatte es aus den Augen verloren. Er hatte dann manches Weitre gehört, aber nicht anders als kindisch davon Gebrauch gemacht. Richtig verstanden (wenn das geht) hatte ers bei einem Stier, welchen die Bergbauern auf dem Längacher in einem eigenen Stall hielten, nur zu dem Zweck die von den Almen hergebrachten Kühe zu decken. Indem der nämlich mit einem festen Strick herausgeführt und in Dienst gesetzt wurde. Der Bauer hatte nichts dawider, dass das verschickte Stadtkind, das sie beköstigten, dabeistand, und dem halbwüchsigen Sohn und den mehreren Töchtern gefiel wohl, dass der sonst so Weise an dem Weltgeschehn teilnahm. Er sah nun, mit welcher Umständlichkeit die Sache vor sich ging und zugleich den tiefen Ernst, mit dem sie von beiden Seiten, dem Stier und der Kuh, betrieben wurde, und auch wie gleichgültig den massigen Tieren danach die Angelegenheit war. Einmal darauf, er verlag die Nacht mit dem Sohn in einer höher gelegenen Hütte, wo sie Mist ausgebracht hatten, begann der junge Stier (der so viel Schwestern hatte), dasselbe mit ihm, mit dem Versprechen, dass der den Spieß umdrehen könne; was er hielt.

Was ist denn an der Liebe? – Wenn nun aber die Zeit kam, dass das Herz entbrennt, und ein Sehnen zieht die Brust zusammen, hat sie kein Ziel und weiß gar keinen Namen; und nur er, er allein fühlte sie so unbestimmt, dass es wenn nicht die Nächste, die Beste war, die die Straße entlangging. Der Veilchenweg ist der lieblichste Gang nach Loschwitz hinab; wer weiß das nicht. Hier war sie unfehlbar nahe, es war der Ort, die Zeit, und die Gestalt – (er hatte sie längst ins Schulheft gezeichnet). Aber er benahm sich wie ein Tor, der das Glück buchstabieren will, bevor ers ergreift, und nichts begreift, wenn es ihn auf die Lippen beißt! Und so verliebt er war, musste er im Übermut reden und eine wahre Erklärung von dem Zustand abgeben, der ihn ergriffen habe, aber keineswegs dauern werde. Und er hielt sie umarmt unter dem Baum mit dem schwarzen Geäst im Mondlicht und sagte unverfroren in das blasse Gesicht: Ich liebe dich. Ich liebe dich *jetzt*. Aber was heißt das? Ich kann nur für den Augenblick sprechen. Hat sie uns nicht in der Gewalt? – Sie stand ganz starr und warf den Kopf zurück, und ihre Tränen unter seinen Händen rannen. Das war ein schmerzender Lohn, der ihm bewies, dass er was (Wichtiges) nicht begriffen hatte. Sie hielt ihn aber für einen dummen, philosophischen Jungen, der die Sache zu wichtig nahm; dem sie nur ihren Mutwillen zeigen konnte. Der war nun anderseits ein schwächendes Mittel, das seinen Unwillen schürte, und so flickten sie lang aneinander herum. – Während er bei einer beliebigen, anderen, gar nicht schönen, die ihn ohne Licht zu machen in eine leere Kammer führte, wo es aus dem Stand zur Sache kam, gleich aus dem Schneider war.

Die größte Untat ist, und Anhänglichkeit an den Freund: mit *der Seinen* zu schlafen. Das ist wie ein Vertrauen zeigen und zugleich brechen. Freilich man sitzt auch selber im Feuer und ist gewiss nicht alleine hineingestiegen. Der Freund wird von ihm berichtet, ihn herausgestrichen haben, in solchen freundlichen oder empörten Farben (wie man sie einem andern abliest); sie wollte das ungeheure Tier sehn. Sie klopfte an seine Behausung, und es war noch die beste Wahl, auf dem Bett zu sitzen. – Worum es hier geht, ist schnell erzählt. Als er neben ihr lag und das schöne Geschöpf betrachtete und die Hand an ihre Stirn legte, hatte sie eine so zarte und weiße Haut, als decke sie nur den Knochen, und wie er sich über sie beugte und sie lächelte mit den schmalen Lippen, meinte er einen Schädel zu sehen. Er fuhr zurück, aber der Anblick hielt ihn fest und die Vergänglichkeit lag vor ihm, mit der er sich eingelassen hatte. Und da er in dem Totenkopf doch ein Verlangen spürte, dachte er gerührt: wie doch gerade in dieser Lage der Mensch so hingegeben, ausgeliefert ist, so bei sich und außer sich, dass man ihn dringlich umfassen und halten musste, wie man selbst umfasst, gerettet sein will im Leben und Tod, erlöst. Was für ein weites Grab die Liebe ist. Dabei blickte er sie noch erschrocken an, als wäre er selbst hineingefallen, und lag ganz still darin und streckte kein Glied heraus, und verlangte nimmer nach ihr.

Bei einem Brudervolk hatte der Gast, zu seiner Sicherheit, eine Begleitung, die ihn durchs Unterholz bis nach Sibirien beschirmte. Dort teilte diese Tollmetscherin dem Unbegabten, warum, aus einer leichteren Sprache mit, *Muttersprache* genannt. Sie dient seit je intimeren Zwecken, auf dem Amt, oder wo sonst man persönlich wird und gewählter spricht (*Lauf auf dem Schwanz*), was sich im Deutschen nur unübersetzt einbürgern lässt. Russland ist stets ein Land der Liebe gewesen, auch des Prügelns und Liebens. Wenn ihn da Lust anwandeln wollte, stellte sich Frust ein, weil, man konnte *nicht sicher* sein. Fern von Moskau hatten sie Staudämme absolviert und bei den Burjaten gegessen, abgefüllt also hielten sie auf einem mehr zufälligen Rummel. Hier schwang sich alsbald eine *Krasawitza* auf die Schaukel und lud ihn zur Luftfahrt ein. Er aber nun! vergafft stieg mit auf das Brett, auf dem sie breitbeinig Platz machte; und es war eine große, sibirische Schaukel, von ihren kräftigen Knien bewegt. Sie stieß sich in den Himmel hinauf und mit ihm in die Tiefe hinab, dass ihm angst und bange wurde, denn so große und nicht enden wollende Schwünge lagen seinen Lenden nicht. Und immer höher ging es und tiefer in die sibirischen Weiten! Er bat berauscht, ein Ende zu machen, *konjez!* und sie schrie *Leben!* und hörte nicht auf, in die Luft zu fliegen und ihn fallen zu lassen. So dass er gefangen in ihrem Leben war und nicht von ihr scheiden konnte, bis er grau und schwindlig in den Ketten hing. Jobtwojematch. Dieses mythische Weib war mehr für die wüsten Taksisten gemacht, die bei Leibesgefahr im Oblast Irkutsk verkehren.

Und eine traf er, die dir nur einmal begegnet, wie Geburt und Tod. Sie hatten sich mit den Augen gefunden und so aneinandergeheftet, dass er sie aufriss zugleich und zu Boden blickte. So frei und ungebunden war ihr Verhalten, und angebunden er, dass ihm gefallen musste, wie sie (um nur eine Ahnung zu geben) im Wagen den Rock hochwarf, wenn ein Lastzug entgegenkam, der nun ins Schleudern geriet! Das war es, was sie bewirkte, mit eisigem Blick, die Arme um die magere Brust geworfen. *Er fasst beschämt ihre Handgelenke, und sie bläst ihm ins rote Gesicht.* Es war ihm klar, dass ers mit einer Natur-, einer Gesellschaftserscheinung zu tun hat, die eine Herausforderung war, eine Gefahr, ein Unglück, ein *Ereignis*. Er konnte sie nicht *für sich* behalten, es würde auch andere treffen; er müsste auch ein anderer sein! Er musste sich überwinden, niederringen. Als eines Nachts, im Dustern, er wusste nicht wie, eine andere auf seinem Lager lag, musste er denken, dass ihre heitere Freiheit ihm einen Schabernack spielt: und ihn, der sich zurücknimmt, *weiterreicht.* Sie wusste aber, dass die Liebe nicht weniger würde, wie ein Stück Seife, wenn sich mit ihr mehr als zweie die Hände waschen. Zu unbeschrankt war ihr Denken, wie es der *Stellung der Frau* entsprach (die sonst nur phrasenhaft aufgefasst wurde). Er war auf ein epochales Schlachtfeld geraten. In einem Hinterhof zogen sie altes Werkzeug aus einem Container, handgeschmiedete Zangen und Maurerhämmer, und teilten sie schwesterlich, bis sie begriffen, dass das unversehns die Trennung bedeuten konnte, und sie legten erschrocken die Dinge wieder zusammen. Wobei sie wie scherzend fragte, ob sich nicht darauf eine Gemeinschaft gründen müsse? und er zu bedenken gab, dass er schon einen Hausstand habe. Darin sah sie kein Hindernis; worauf er einfältig einsilbig Antwort gab und sie das tote Zeug in den Müll versenkte. Das war nun ein Fanal, und ohne weiteren Laut, außer dem metallischen Klirren, endete der Kampf; der doch seine Sinne für immer beschäftigen würde.

Ein Mann von fünfzig Jahren. Als er ganz erfüllt war von der Erwartung der *Wende* und politisiert bis in die Fingerspitzen, saß er bei einer Beratung einem Geschöpf gegenüber, das ihm, in dem dicken Pullover und der Nickelbrille auf der Nase, nicht weiter auffiel, für das aber bei dem großen Rangdewu mit der Macht, in der Enge des Platzes, ein Gefühl in ihm Raum griff, dergestalt, dass ihm die Ereignisse, die ihm am Herzen lagen, auf einmal nicht mehr so allein wichtig waren. Als er das Mädchen dann, in der Klinik, wo er es abpasste, nicht die Gebresten des Staats, sondern der hinfälligen Alten lindern sah, über ein Bett gebeugt gute Worte gebend: und die Erloschenen auflebten, mussten sich seine Sinne in einem doppelten Aufruhr befinden. Und auch als binnen Wochen die herrlichen Wogen umschlugen, weil die Bevölkerung sich natürlich der Westmark zuwendete und sie sich einem gleichaltrigen Jungen, nahm ihn die gesellschaftliche Enttäuschung nicht so mit wie die private Betrübnis: und dieser Vorfall hat bei ihm mehr Epoche gemacht als die verunfallte Revolution. Wenn ihre Losung *Keine Gewalt* gewesen war, er hatte die Gewalt der Liebe erlebt, und (Bloch) *das Gefühl stand als ein Knecht auf dem Markt, den niemand dingt.*

Der Wirbel der Worte

Er war nicht hingefahren zu dem Ereignis. Ein berühmter Dichter hatte ein Inserat in die Zeitung gesetzt: *Schicken Sie mir Ihre ungedruckten Gedichte, ich lese sie.* Der somit Angeschriebne hatte nicht gezögert, den Mann zu bedienen mit seinen paar Blätteln, und sich weiter keine Umstände gemacht. Er war nicht anwesend in der Akademie zu Berlin, als der Dichter einen Haufen Lyrik verlas und am Schluss mit der metallenen Stimme seine Langzeilen ausschwingen ließ. Am andern unbescholtenen Morgen fielen Telegramme in seiner ebenerdigen Bude auf den Boden. *Schicken Sie alles, was Sie haben.* Er war wohl in Abwesenheit berühmt geworden. Und solche Mitteilungen mehr: von einer *Valmy-Stimmung* im Saal, einer *ungeheuren Erregung*, der Korrespondent der Prawda war schluchzend nach vorn gestürzt, das Wachbataillon in Bereitschaft versetzt und das Zentralkomitee einberufen worden. Die Verse, am Strand, auf dem Bauche liegend geschrieben, waren *Nachrichten* gewesen, *die sonst nirgend zu haben sind!* Und jener Dichter Hermlin war seines Amts in der Akademie enthoben. – Ihn selbst hat der Wirbel im Hörsaal getroffen. Als er nun hörte, dass er ein Konterrevolutionär war, musste er sich wundern über die Verwechslung, die ins Schwarze traf: denn so war er angeschmiert.

Auch *drüben* (wie man sagte, als man sich für das Diesseits hielt) wurde das Treiben beargwöhnt. Das Schreiben, in München im Komma-Club, was an sich eine harmlose Anschrift war. Da zeigten ihnen die Einlader gleich zwei Männer, die am Eingang ihren Stammtisch hatten. Das sind zwei, die sitzen hier, aber die gehen bald. – Und warum lassen sie sich erst nieder? – Weil sies nicht lassen können. Und wirklich, kaum hatten die Gäste eine Weile gesungen, ohne einen Punkt zu machen, hoben die Herrschaften den Arsch und gingen wie immer hinaus, um ein Bier zu trinken. Die Macht der Worte, *zwei Maß.* Es war wohl nichts dran an den Individuen, und ein anderer Mitschreiber für das Lokalblatt hat zwar richtig ihre Namen genannt, aber jeden mit dem falschen, was nicht ins Gewicht fällt, weil wo sie herkamen *alle kollektive Wesen sind, wir mögen uns stellen, wie wir wollen.*

Er saß unter dem Himmel der Heimat, im Großen Garten vor dem Theaterrund. Es dunkelte. Er las die gefährlichsten Texte: Liebesgedichte; die laue Nacht, die abenteuerlich stummen Zuhörer verleiteten ihn zu dem subversiven Thema. Aus den Wiesen, aus den breiten Wegen wehte ein betäubender Duft. Die riesigen Bäume standen, das blühende Leben, da, mit herausgestreckten Organen. Die Stadt stille, nur ein Keuchen, ein bewusstloses Schnarren drang vom Fučikplatz oder aus den Fabriken in Striesen herüber. Er hörte sich kaum zu, er hörte auf das Knistern in der Luft. Er sah die dunkle Gemeinde nicht, er las draufzu ohne Hoffnung. Als das Gespräch begann, hob er einen Scheinwerfer aus dem Gras und drehte ihn auf die Menge, um sie zu erkennen. Und saß doch wieder erhoben, über dem Abgrund. Da sah er mit einem Blick eine Person dicht vor sich. Sie fragte nichts, sie sah ihn unverwandt an, und er sah sie unverwandt an, auch als er ihr den Rücken kehrte und sich den Fragen stellte. Er redete dummes Zeug, der Schweiß brach ihm aus. Er wandte sich wieder herum und merkte, wie in der Bewegung ein anderer Kopf aus seinem Rumpf fuhr mit mühelos fröhlichem Gesicht. Seine Stimme wurde rauh, trocken, wirblig, er redete wie gewöhnlich, um sein Leben. Er hatte sich in der Hand, aber was hatte er da? Der Kerl in seinem Körper schaukelte darin, dass die Äste flogen. Die Frau betrachtete seine Verwandlung, ohne zu erschrecken. Sie schien alles zu begreifen, was er nicht begriff ... was ich beschreibe. Die Scheinwerfer wurden, als sich die Unterhaltung hinzog, gelöscht, wieder eingeschaltet, wieder verdunkelt; das war der Verschwörung zuviel. Sie brachen auf, er verlor die Gestalt aus den Augen. Nicht dass er geschrien, dass er geröchelt hätte, er atmete durch. Er lief richtig auf den geraden Wegen geradeaus in das trockene Bett der Elbe. – Das ist alles aus einem Roman gezogen und wahr, er durfte erwarten, es in den Akten festgehalten zu finden; doch nichts, der IM vermerkt: er las *unverständliches Zeug*.

In Jene ist es bene; aber als wieder Studenten relegiert worden waren, sagte er die Lesung ab und bestellte den Prorektor *13 Uhr in der Ratszeise* ein, eine Unverschämtheit, die geboten war. Der Herr erschien nicht, der Bursche las nicht, so wie es schon einmal hier ohne sein Zutun geschehen war. (Die klandestine *Frühaufklärung*.) Ein ander- und spätermal war der Raum gefüllt. Er kam durch Wolkenbrüche an und wollte den Sternhimmel sehen: im Zeiss-Planetarium, wo aber das Publikum, hintüber gelehnt, nach oben blickte und er aufs Papier. Vor einer Woche die gezinkte Wahl, die Erdatmosphäre war aufgeladen, die Veranstaltung (raunten die Lehrkräfte) *abgesichert* (durch sie). Gut, dann konnte er am Abend lesen und in der Nacht, so hat der Besagte zwei Ausfälle aufgeholt. Und wie üblich nach dem Weltlauf gefragt, deutete nun er in die Sterne. So wie der Staat argumentierte, konnte er nur für sich und die Erde sprechen. Er stand allein an der Wand, ein perverser Genuss; er war nicht angebunden, nicht angestellt: er war ein loser Mensch. Nie wieder hienieden wird es solche Wahlen geben. Der Luftkreis stockte, in seinem Hochgefühl. *Der Tag wird schon kommen; nimm die Sonne und geh.*

Als er den einsitzenden Freund in der U-Haft aufsuchen wollte, wurde er stattdessen in den Apparat bestellt, und nicht dem blassen Wortwager stand er gegenüber, sondern einem Wortführer. Der begann gleich ihn zu belegen, wie es Methode war: einer ganzen Versammlung Furcht einzujagen samt den weißhaarigen Spanienkämpfern. Wenn du, tönte er, so gefühlige Anliegen hast, bist du ein Kleinbürger, den man erschießen muss. – Erschießen, wie – Den Kleinbürger, ja. – So gleichsam an die Wand gestellt, spürte er, wie sich was in ihm verfestigte, irgendeine Substanz. Was habt ihr für Macht über mich, dachte er. Er erwiderte kalt bis ins Mark: Wenn du so verfahren willst, bist *du* ein Kleinbürger und weißt, was du zu tun hast. Ein Unbekannter querte den Raum und sagte in seinem Rücken: V., halt die Ohren steif. Es war der Bezirksparteichef Naumann, ein jovialer Macht- und Genussmensch. Sein Satz *beiseite* gesagt, sie standen auf einer Bühne, Naumann ging ab. (Der Kronprinz; er lief später durch diese Flure, einen burlesken Roman in der Hand: Das bin ich! und wurde versetzt ins Staatsarchiv. Und hätte, abgehalftert, gute Auftritte haben können, im Theaterchen seiner Frau, als Valmont in Müllers Quartett.)

Höhere Gewalt

Memorandum. Wenn einer sich sein Leben buchstabiert, und seine Zeit zuzählt und sein Vertun abzieht, dann bleibt von den *freien Stücken* und dem guten Mut nicht viel. Das waren die Vorsätze, aber immer tönten amtliche Sätze dazwischen aus dem Stadtfunk. So sachtsam, strebsam es angefangen, mengte sich was Härteres, Höhres ein, das der schönen Kraft entgegenstand. Er brachte, wie jeder und jede, seinen Eigensinn mit und zahlte drauf in den Verhältnissen. Und wird gewahr, dass wieder und wieder, vom ersten Tag an, Gewalt mitgemischt hat.

Er wurde *an einem Sonntag vor dem Krieg* geboren. Die Stadt lag heiter im Tal, die Mutter hatte auch Milch für den Vierten; dort wurde im schönsten Palais der Feldzug nach Russland geplant. Kaum hielt er sich auf den Beinen, war auf der Felderhöhe die Flak aufgezogen, der Vater (von Fünfen nun) wurde eingezogen; dass sie vor dem Angriff abgezogen wurde, ließ sie überleben. Immer zog und gezogen: so greift die Geschichte zu, vor man handelt; am 6. Geburtstag zogen mit Panjewagen *die Russen* ein. Dresden zerstört, der Vater gefallen, das ist viel Gänglung und Maßregelung so zeitig. Als er kein Arbeiter- und Bauernkind war, kam er nicht auf die Penne und war aus der Bahn geworfen; der *17. Juni* rettete ihn.[1] Dasselbe Datum, auf dem Schulweg beredet, wurde ihm zum Verhängnis; ein Jahr Bewährungsfrist.[2] Überhaupt war er vorlaut nach Lust; im praktischen Jahr die fristlose Entlassung. Das bog nun wieder den Lebenslauf, auf die *Großbaustelle*, die die Arbeitskraft nicht wieder hergeben wollte.[3] Zum Studienbeginn der *Mauerbau*, & die freien Rhythmen der Verse; ums Haar die Relegierung.[4] So erfuhr er, dass die Kunst keine harmlose Sache ist: man hat sichs zuzuschreiben.[5] Ins Theater nun war die Macht vernarrt, *hinter der Bühne pritscht sie den Mimen aufs Haupt* und zündet das Bühnenhaus an.[6] Und das *11. Plenum* kam, und der *Einmarsch* in Prag, und das *Kriegsrecht* in Polen,[7] der Wind blies ihm ins Gesicht, er stellte sich eben so.[8] Und Bahro wurde verhaftet,[9] und Biermann ausgewiesen,[10] und Raketen in Ost und West in den Boden gestemmt. Und eine Lust und Verzweiflung begann, eine herrliche Arbeit *auf etwas zu*, und Gorbatschow erschien; und die Spitze lag in Agonie. Und es war soweit, dass die untere Macht auf die Straße trat mit der Losung: Keine Gewalt, und die Mauer geöffnet wurde,[11] und die höhere abtrat.

Als sie aber das Volk waren, und gehandelt hatten[12] und die Runden Tische eröffnet, alle Leitungen neu gewählt und die Losungen wahrgeworden, war *die Geschichte zuende* und die bewaffnete Währung zog ein und sie waren enteignet und der Golfkrieg begann. Und ein unverhofftes Wiedersehn wars mit den alten Zeiten. Und nicht wie in jener von Hebels Geschichten, worin eine eingefahrene Seilschaft in der Erde verunglückt und eine Witwe todalt den jungen Bräutigam wiedererstattet bekommt: sondern eine festgefahrne Gesellschaft ging in der Geschichte unter, und die Hinterbliebenen werden ebenviel Jahre warten und vergessen dürfen, bis sie sich wiederfinden.

Ausgenommene Innereien

1 »Sag deiner Mutter, sie soll aufs Rathaus in Loschwitz gehen«: der Deutschlehrer, und tatsächlich kamen nach dem Neuen Kurs zwei ganze Klassenzüge noch auf eine dresdner Mittelschule »mit Oberschulteil«.

2 Nach der Denunziation hielt ich mich, auf weichen Knien, am Schreibtisch des Direktors fest, »nimm die Finger vom Tisch«: da stand ich vor der Macht.

3 Der Zeitungsartikel über Missstände im Tagebau-Neuaufschluss, und die Werkleitung rückte an. Wir standen uns im Mann-

schaftsraum des Absetzers gegenüber, arbeiterschaftliche Machtverhältnisse.

4 Die kurze Zeit des Jugendkommuniques war vorbei. Dr. John: »Wenn man die Gedichte theoretisch-philosophisch zuende denkt, sind sie konterrevolutionär.« Ich taumelte nach der Vorlesung nach vorn, wovon redet er? Der Prorektor verlangte inquisitorisch meinen Widerruf, die Folter: Versammlungen. (Jener Rhetor John wurde in Konrad Wolfs Goya-Film als Vorsitzender des Inquisitionstribunals besetzt.)

5 *Zuzuschreiben*: eine erste kleine Lesung in einer Buchhandlung in der Warschauer, über die das Fernsehen berichtete, veranlasste Ulbricht zu dem Ausruf: »Der soll nach China gehen!« Was immer er damit sagen wollte, es war eine Ansage.

6 Vgl. *Autorkommentar*, 1975.

7 Das 11. Plenum machte Kipper Paul Bauch den Garaus, der Einmarsch in Prag verstümmelte Hinze und Kunze, das Kriegsrecht in Polen füsilierte Dmitri.

8 Das Nachwort zu Büchners Briefen, abgelehnt, überließ ich Connaissance de la RDA, und Gilbert Badia trug einen Stoß zur Botschaft: unvermutet in Deutsch, nun kursierte es im Underground des Apparats. Stopp aller Verlagsvorhaben.

9 Bahro kam, um sich zu verabschieden, *mit Eskorte*, und als er aus der Tür ging, grüßte er vor den Beamten mit erhobener Faust. Seine Frage, auf einen Zettel gekritzelt: Soll ich deinen Namen nennen? verneinte ich; ich hatte den Großen Frieden im Feuer. Das Stück kam ohne Genehmigung am Berliner Ensemble heraus, seine *Alternative* war kaltgestellt. Er durfte *Die Logik der Rettung* im Westen schreiben, wo sie kühl abgetan wurde und ihm indische Flügel wuchsen.

10 Biermann suchte mich am Abend vor seiner Abreise auf und fragte: »Lassen die mich wieder rein?« Und ließ noch nach Jahren in Hamburg die Bilder unausgepackt an der Wand stehen. Der Freund, an seinem 80. küsste er, alles Entbehrte nachholend, *die ganze Mafia* der Regierung.

11 Am 9. November las ich in der leipziger Neuen Szene *Texte zur Wende*; die letzte Frage aus dem Saal: »Wann, glauben Sie, wird die Mauer geöffnet?« – »Ich denke, es ist eben geschehn.«
12 Jetzt hatten wir eine Biografie. Kaum war aber die Losung KEINE GEWALT verweht, waren wir Bürger eines kriegsbeteiligten Staates, meine Person in den Zeitungen »Feind der Demokratie und Amerikas«, und ich verließ das BE, »der einzige Staatsfeind«, mit völlig leerer Kaderakte.

Beschreibung eines Kampfs. Da geht er durch den Schlosspark, zwischen den Säulen der mächtigen Bäume, deren morsche Kronen gekappt sind; dem stehengebliebenen Rest des denaturierten Preußen. Vor ihm springen die Stimmen seiner Begleiter, oder schlurfen eben hinter ihm. »Als wenn wir dem Kerl auf die Schultern springen und ihm die Fäuste in den Rücken stoßen wollten, um ihn in Trab zu bringen!« – Gewohnte Eskorte, er sieht die Spitzel, die an seinen Lippen hängen, und die Leser, die ihm in den Ohren liegen … Was sehn sie in ihm? der äußerlich ruhig sein widersprüchliches Wesen treibt; im Umgang (in der Wirklichkeit) kuchenweich, aber wirklich (auf dem Papier) hartes Brot. Wofür soll man ihn halten, der sich einen harmlosen Anstrich gibt, aber rücksichtslos das Weltbild durchstreicht?
Well, sagt er, ihr könnt ihn ruhig *Gewalttäter* nennen. Nicht dass er jemand umgebracht hätte, aber von seinem Gefühl her, ja mit Verstand hat er zuge-

schlagen. Mehrfach natürlich. Auch der Verstand kann unwillkürlich handeln, er muss nur in ein Gesicht, eine Gegend blicken und *muss reagieren.* Das ist ihm nur bedingt anzulasten. Was soll man in ein Sujet mit Atomsprengköpfen hineinschreiben? Was in eine Wachtmeisterfresse dichten? Natürlich hat man versucht, seinen Ton herunterzudimmen. Damals, als er den Stoff zum Leben suchte (*oder zum Tod*). – Wir dachten, ihm musste todübel sein. Freunde suchten ihn auf und fanden ihn lachend … er schenkte ihnen Wein ein! – »Lachmunds Freunde«. – Und Tote natürlich, wie bei Dichtern üblich, Verbotene, Erschossene sind sein Umgang, er will auch eine *Unperson* sein. – »Wohl kamst du durch, so ging es allenfalls. Machs einer nach und brech sich nicht den Hals.« – Warum ist er nicht weggegangen?

Fast reut ihn, durch das Visier zu blicken: Gewalt; er könnte auch Gewölle sagen, das Ausgewürgte, unverdauliche Nahrungsreste, die er täglich ausspeit. – Warum hat er die Vorlesungen des Dr. John angehört, und nicht in der Rostlaube bei Haug gesessen? In Meyers Lexikon stand: hat die Republik verlassen. – Homestorys. Kalter Krieg. – Die »Rechnungsräte der Welterklärung, deren Wappen der Papagei ist, mit Holzhammer daneben«, hätte er in jeder Alma Mater gefunden. – Er konnte sich der Gewalt entziehn! – Das wäre die private Lösung gewesen, und keine Kunst. Er hat auch *sich* Gewalt angetan, aus Trotz gegen die Misshandlung, aus Unlust am Verrat. – Und »den Staat möchte ich sehen, der nicht Unrecht tut, wo ers darf.« – Der soll nach China gehen! ruft Ulbricht im ZK. – In den Westen? ist die Frage der Spitzel. – *Und das ist das kleinere Übel:* Enzensberger im Englischen Garten. (Der Glückliche! er hat recht behalten.) Ja, früher hätte man die Welt verlassen, die Zelte abbrechen können. Jetzt gibt es keine Anderwelt mehr, wir sind im Überall. – Zehn Meter von ihm, an eine Platane geklebt, ein Stimmchen: Öl sparen statt bohren. Wie die Kraft der Schwachen aufbegehrt, rebelliert und die Fäuste hebt, sie *hälts im Kopf nicht aus!*

Sein Handy klingelt. Sodann ruft an. »Warum seid ihr alle so stumm? Alle schweigen mit ihren Gehirnen. Ich sammle diese Gehirne« (in seiner Bücherscheune). »Aber ihr denkt nicht mehr. Ich bin verzweifelt, nein, nicht verzweifelt. Ich lache darüber, dass ihr alle die Bücher schreibt. Für dieses agrammatische Jahrhundert …« Er schüttelt ihn ab, warum bist du nicht Präsident geworden, Peter *sodann, sodann …* und biegt um das Schloss herum.

Das Arbeitszimmer von Wilhelm Pieck ist erhalten, das Chambre der Königin nicht, das Friedrich nie betreten hat. (Einmal war er da, Madame sind korpulent geworden …) Wer hat die gewaltige Geduld, dreihundertjährige Platanen zu ziehn. – Nicht diese Letzte Generation. – Er hat die Geduld auch nicht, weiß er, und hat keine Folianten verfasst, die Sodann in der Scheune erschlagen. Zwei Dutzend Blätter müssen genügen für den Witz der Welt (die die Komplizen in der Typografie aufblasen können). – Da habt ihr das Ungeheuer. »Es sind die kleinen Taschenbücher zu 40 Sous, die man zu fürchten hat«, Voltaire, der sie nicht in Kapitel teilte, sondern in Zweifel. – Er macht es kurz ab, und hat das ~~Blut~~ Blei an den Händen. – In all den gefürchteten Büchern lässt er die Helden hängen in ihren Verhältnissen. Er nimmt sie nicht an der Hand. – Ist er Sozialarbeiter. – Wie kaltblütig er Hinze und Kunze behandelt, die in ihren Rollen verharren. Er erlöst sie nicht, aus ihrem Ramon. – Kein Mitleid mit den vier Werkzeugmachern in ihrem erarbeiteten Unglück. Er will es unerträglich machen!

Er spürt die Fersen in seinem Rücken, da läuft die Nachwelt hin. Er weiß nicht, was stehenbleibt, was gestrichen wird in der Weltauseinandersetzung, was unsern blinden Eifer überlebt. Er geht im dicken Mantel dieses Gemurmels, drunter nackt, und öffnet ihn, wenn er spricht. »Was jetzt zu sagen ist von unseren Menschen … wenn sie durch die Hecke steigen und die eiserne Falltür öffnen, verlangt einen Realismus, der an die Nerven geht, einen entschiedeneren, konspirativen Realismus.« Da lachen die Hühner der Königin. Es gibt den Moment, in dem die Kunst ernstmacht.

Es geschieht von ungefähr. Doch er weiß den Moment

zu fassen, den die Weltgeschichte nicht weiß. Er wird ihm beim Schreiben diktiert. – Es wird ihm diktiert? – Sein Naturell … das entscheidet schon alles, und da ist das Geschehen, das helle und dumpfe Treiben, das *verworrene Garn* (von dem Mandelstam spricht), die innewohnende Komik. Er lässt sie gewähren … er rührt sich nicht, und fühlt einen körperlosen Schatten dazwischenfallen, lautloses Dazwischenschlagen, die Eiseskälte der Beschreibung, gnadenlos. »Das gnadenlos bedruckte Papier, die gnadenlos aktiven Sätze, deren Strahlung durch alle Gegenstände dringt, die gnadenlosen Leser.« Er hat Schuld am Untergang einer Welt. – Er hat sie nicht verteidigt. Er hat ihr nicht beigestanden! – Es war nicht seine Welt. – Ein rohes klares Licht auf der Szene … Das ist die Gewalt, sagt er. Die Kunst, und atmet ein. Die Bäume duften, mit ihrem kahlen Geäst. »Er geht eine kleine Zeit mit geschlossenen Augen, indem er sich dadurch wachend erhält, dass er laut und regelmäßig die Hände zusammenschlägt.«

Auftreten Pieck und Elisabeth Christine. Pieck tritt an eine Platane und pisst. Es ist wieder Krieg. – Um Schlesien? – Pieck, seine Züge *von Gram verschattet:* Es ist der Russe. Und der Ami nämlich. – Der Siebenjährige Krieg. Schönhausen war zerstört. – Die Nato in Neugotland, das geht garnicht. (Er spricht in Versen. Die Dichter der Republik ließen die Arbeiter Blankverse reden, die Bonzen Prosa. Pieck war Tischler.)

Elisabeth Christine hält ein Büchlein hoch, Pieck sieht bescheiden zur Seite: Ode an die Ozeane. Die einsame Königin und der Arbeiterpräsident, Arm an Arm und *korpulent* beide, verschwinden im Park.

Inhalt

Volker Braun
im Suhrkamp Verlag

Große Fuge
Gedichte
Klappenbroschur. 2021

Handstreiche
Gebunden. 2019

Verlagerung des geheimen Punkts
Schriften und Reden
Gebunden. 2019

Handbibliothek der Unbehausten
Gedichte
Gebunden. 2016

Dmitri / Die Übergangsgesellschaft / Nibelungen / Transit Europa / Limes. Mark Aurel / Was wollt ihr denn
suhrkamp spectaculum 2014

Werktage 2, Arbeitsbuch 1990-2008
Mit zahlreichen Abbildungen
Gebunden. 2014

Die hellen Haufen
Gebunden. 2011

Flickwerk
Kleine Reihe. 2009

Werktage 1, Arbeitsbuch 1977-1989
Mit zahlreichen Abbildungen
Gebunden. 2009

Der Stoff zum Leben 1-4
Gedichte
Bibliothek Suhrkamp 1447. 2009

Machwerk oder
Das Schichtbuch des Flick von Lauchhammer
Gebunden. 2008

Das Mittagsmahl
Mit Kupferstichen von Baldwin Zettl
Insel-Bücherei 1289. 2007

Auf die schönen Possen
Gedichte
Gebunden. 2005

Das unbesetzte Gebiet. Im schwarzen Berg
Gebunden. 2004

Der berüchtigte Christian Sporn. Ein anderer Woyzeck
Mit Zeichnungen von Joachim John
Insel-Bücherei 1259. 2004

Wie es gekommen ist
Ausgewählte Prosa
Gebunden. 2002

Die Verhältnisse zerbrechen
Rede zur Verleihung des Georg-Büchner-Preises 2000
Mit der Laudatio von Gustav Seibt
edition suhrkamp. 2000

Trotzdestonichts oder Der Wendehals
suhrkamp taschenbuch 3180. 2000

Das Wirklichgewollte
Gebunden. 2000

Lustgarten, Preußen
Ausgewählte Gedichte
suhrkamp taschenbuch 3124. 2000

Tumulus
Klappenbroschur. 1999

Wir befinden uns soweit wohl. Wir sind erst einmal am Ende
Äußerungen
edition suhrkamp 2088. 1998

Die Unvollendete Geschichte und ihr Ende
Bibliothek Suhrkamp 1277. 1998

Die vier Werkzeugmacher
Kleine Reihe. 1996

Iphigenie in Freiheit
Kleine Reihe. 1992

Bodenloser Satz
Kleine Reihe. 1990

Verheerende Folgen mangelnden Anscheins innerbetrieblicher Demokratie
Schriften
edition suhrkamp 1473. 1988

Langsamer knirschender Morgen
Gedichte
Klappenbroschur. 1987

Hinze-Kunze-Roman
Gebunden. 1985

Berichte von Hinze und Kunze
edition suhrkamp 1169. 1983

Das ungezwungne Leben Kasts
Erweiterte Auflage
suhrkamp taschenbuch 546. 1979

Unvollendete Geschichte
Klappenbroschur. 1977

Es genügt nicht die einfache Wahrheit
Notate
edition suhrkamp 799. 1976

Gegen die symmetrische Welt
Gedichte
Broschur. 1974

Vorläufiges
Gedichte
Gebunden. 1966